共創巔峰
冠軍團隊勝出秘笈

・黃意雯・劉凱妍・石文仁・方綵晴
・李培甄・廖素蘭・索　娜

合著

推薦序｜實踐全人精神 定錨事業定位｜11
推薦序｜專業 自律 熱情 出類拔萃｜15

黃意雯

觀念致富 快樂服務學　18

｜從事保險的緣起與心路｜20
｜專業經營，深獲信賴｜25
｜快樂行銷 體現自他最大價值｜26
｜財商智慧與法商專業的實踐｜30
｜理財新思維，富裕一生更要富貴傳承｜37
｜客戶、環境與我，正向交流產生高頻能量｜43
｜幫助別人成功 正是團隊使命｜46

劉凱妍

contents

成功在我
盡其所能 發揮長才　52

| 年輕創造無限可能 | 54
| 合適的職場在環境 | 57
| 認識自己 先和身體對話 | 61
| 金錢的強大能力 | 64
| 好規章 凝聚團隊實力 | 68
| 知識寶庫的智者 | 70
| 細節決定成敗 | 72
| 值得信賴的保險管家 | 76
| 不懼改變 值得更好 | 78

石文仁

contents

點石成金 極望成林　84

| 記取每次的成長 | 86
| 目標市場 決定戰場 | 91
| 有信念，無堅不摧 | 95
| 轉型決定 | 99
| 造橋鋪路 | 100
| 願景展望 | 107

方綵晴

contents

改變人生的保險路　114

| 保險小白的奮鬥歷程 | 116
| 另覓戰場的轉折 | 120
| 從行業別找到商機 | 124
| 善用議題 有助於業務開發 | 127
| 擁有高度專業 服務更到位 | 129
| 進入團隊 就業即創業 | 133

李培甄

contents

選擇大於努力 格局決定結局　142

｜從愛與責任出發｜ 144
｜堅持 笑看低潮用力承擔｜ 146
｜轉型與蛻變｜ 149
｜致力於高資產客戶的開發和經營｜ 151
｜溫柔而堅定 打開客戶心門｜ 155
｜站在客戶的角度思考｜ 157
｜如何年年達標 獲得終身會員資格｜ 160
｜我的團隊優勢｜ 165

廖素蘭
contents

淬鍊！讓平凡顯得不平凡　172

| 心態歸零　毅力要加倍 | 177
| 學會的　就是本事 | 180
| 為我開拓視野的貴人 | 183
| 篩選資訊　適性才會擅長 | 185
| 莫忘使命　樂於工作 | 188
| 不斷學習　是追求成功的基礎 | 191
| 經營是哲學　也是使命 | 194
| 每一個年齡階段　都值得被培養 | 197
| 你的定義就是你的世界 | 200

索娜

跨越零下的障礙 204

| 來台的第一份工作 | 206
| 學習聆聽 懂得提問 | 211
| 每一份保單都是愛的體現 | 215
| 專業就表現在細節處 | 219
| 理財工具的盡頭是保險 | 224
| 打造專屬的一手好牌 | 228

推薦序

實踐全人精神 定錨事業定位

　　在日本有「經營之聖」之稱的稻盛和夫，是一名成功的企業家，一生致力推廣「利他行善」的經營理念及人生觀，而「付出不遜於任何人的努力」更是他一生立身處事的關鍵信仰。這點與經營保險事業 MDRT 高手的理念不謀而合，一心一意投入工作，營造共好雙贏。

　　永達保經成立初期，即推動百萬圓桌 MDRT 這個世界性認證指標，透過組織制度的建立、完善的教育訓練、業務制度與獎勵辦法，積極鼓勵業代取得 MDRT 資格，目前擁有 MDRT 終身會員者多達 106 位，永達也成為孕育 MDRT 的搖籃。這些終身會員個個都是人才更是企業重要資產，在永達自建的創業平台經由這些 MDRT 導師

傳授、複製成功經驗，協助更多優秀業務菁英打造成功標竿。

《共創巔峰：冠軍團隊勝出秘笈》這本書由七位MDRT會員——黃意雯、劉凱妍、石文仁、方綵晴、李培甄、廖素蘭、索娜所撰述，他們都達到十次或以上會員資格，因為利他、共好及行善的理念，他們堅守崗位、努力不懈地完成夢想的終身會員，更將這項殊榮當成經營保險事業相當重要的里程碑，亦實現MDRT強調的「全人」精神，在家庭、健康、教育、事業、服務、財務和精神生活，皆有良好的平衡與發展，也是人生價值的體現。

這七位MDRT終身會員個個都是保險企業家，他們工作不僅僅是為了賺錢，更是實踐自我，不論是服務客戶或業務夥伴，皆以全力以赴和永不言棄的態度，把「利益他人、創造幸福生活」當作使命；「成功 = 心念 X 能力 X 毅力」則是他們的成功方程式，心念最為關鍵，除了得到他們更樂於給予。

生命的長度有限，保險企業家用寬度發揮MDRT全人生活，展現自我價值及發揮影響力，相信藉由《共創

巔峰：冠軍團隊勝出秘笈》的成功經驗，協助更多在這個行業上努力的人，完成夢想的 MDRT 終身會員。

永達保險經紀人（股）公司董事長

推薦序

專業 自律 熱情 出類拔萃

　　精益求精、永不懈怠是追求成功的信念，《共創巔峰：冠軍團隊勝出秘笈》集結了 7 位 MDRT 終身會員勝出的訣竅，他們以 MDRT 的桂冠做為行銷的榮耀，藉由旺盛企圖心、以利他的大眾胸懷，為保險事業打造典範！

　　《共創巔峰：冠軍團隊勝出秘笈》一書內容圍繞這七位優秀 MDRT 終身會員的成功之道，其中有不少獨創的心法、技法，藉由他們紮實的專業、豐富的業務經驗、娓娓道來的真實案例、發人深省的啟示金句，內容深入淺出，字裡行間，讓人有所感動、啟發，他們是保險界的人才智庫，透過閱讀他們的著作，從中學習行銷技巧及服務心法，必能引起有心在保險業發展夥伴的共鳴，

提高服務績效並創造更大的服務價值。

　　以保險商品解決客戶所需，必須設身處地、熱誠專業為本，七位作者方能邁入 MDRT 終身會員之列。今無私分享成功經驗，提供保險從業人員參酌，我僅以保險老兵，為其胸襟致敬。此書值得一觀，必會給閱讀者帶來自我激勵、目標設定、客戶經營及提升績效方面的建議，展現經營保險事業的價值與意義。

永達保險經紀人（股）公司 總經理

"The best teamwork comes from men who are working independently toward one goal in unison."

—— James Cash Penney

「最好的團隊合作,來自於為同一個目標獨立工作的人。」

——James Cash Penney

觀念致富
快樂服務學

黃意雯

現任
- 業務協理

保險年資
- 二十年

得獎紀錄
- 十九屆美國百萬圓桌終身會員
- 十三屆國際華人龍獎 IDA
- 四屆 CMF 中國之星
- 2016-2017 國際獅子會長
- BNI 全球商聚人分會副主席

從兼職到專職，20年的永達經驗，讓我深刻領悟到，人生不僅要快樂學習，做為保險從業人員，快樂服務更是工作的終極目標，每一次傳遞給他人正能量，最後也終將回饋到自己身上，選對職業，人生就像開了外掛，每一步都有更強的驅動力。

從事保險的緣起與心路

畢業於陽明交通大學衛生福利研究所的我，一畢業即進入衛福部健保小組支付組。後來又進入會計師事務所長達15年的時間，我的職業選項，看來似乎都在意料之外，很多人好奇，會計師事務所做得好好的，怎麼會想去「賣保險」？2004年9月，我以兼職的心態來到永達保經，一開始也是幫自己留了退路，總想著，雞蛋不能全擺在一個籃子，多一份工作歷練，也許對兩者都有幫助，何樂不為？會計師事務所，是幫法人作帳務、稅務、工商登記等服務，進入保險業則是幫個人風險規劃、傳承、分配等服務，其實關聯性還是蠻大的！

20年的時間，足以讓一個嬰兒長大成人，時至今日，

不論技術、專業、方法，我都可以自信的說，已經內化而任運，每天都在做的事情，做了 20 年，哪裡還會不熟練？但我認為，從事保險經紀工作，要在行業長長久久往下走，除了『平台資源』要提供強大的後盾，還要有個人心理素質、面對挫折的能力，此二為成敗的兩大關鍵。

俗話說：「戲法人人會變，巧妙各有不同」，同在永達平台練功夫，每個人達到的成果也不盡相同，差異點在我看來，在於內在自心運作的力量，以及是否真正能淋漓盡致的運用平台每項資源。除此之外，隨著大環境改變，保險工具日新月異，永達系統也隨著市場演進而做出變化因應，在平台提供的資源和培訓下，我雖持續拿到了不錯的成績，但用七個包子的故事來比喻，從結果論來看，好像是吃了第七個包子才感到飽足，能吃飽是第七個包子的功勞，但實際上，沒有前面的六個包子怎麼能飽呢！所以說，奠定前面基礎功很重要，每一分收穫都是前面積累而來。

當時聽聞永達保險經紀人與業界定位不同，成員也多半來自金融、證券等相關行業，看來好像有點意思，於是抱著兼職的心態進來，雖然我是保險業小白，但以

會計師事務所的歷練，還是能做出對這行業與這公司的正確評估。永達定位在資產保全、稅務規劃、財富傳承面向的保險市場，起跑點不同，培訓的方法也不同，讓我可從我原來熟悉的業務範圍入手，首先是成交較高金額的傳承規劃，隨著客戶的需求才開始做退休規劃，接下來才是人身健康醫療險規劃，從大保單到小保單，順序和傳統保險業相反，但這造就我能全面的檢視一個家庭如何布局「現金流不斷裂」的風險規劃經驗。

2008年發生金融海嘯，保險業迎來巨大衝擊，用哀鴻遍野來形容市場一點也不為過；那年的我也未能完成MDRT，且與許多資深同仁一樣都遭遇到挫折，我內心也產生變化，那時的我回想從2004年入行至今，一路順遂的保險職業生涯，在此，好像被迫按下暫停鍵？未來，我要仰賴甚麼本事，才能在跌入低谷時，還可以拍拍泥灰重新站起來？

於是，我和自己立了約定，2009年是我的保險元年！（雖然那時我已達成四屆MDRT）

最壞的時刻，反而有最好的機會，意思就是，停下來了，反而多了省思的時間，既然保險經紀工作是幫客

戶分散風險規劃，那麼，身為保險業務的職業風險，要如何分散？不可諱言，很多人進來保險業，是為了更豐厚的收入，但這份職業兼負的使命和價值，保險的功能與意義，骨子裡是否有真心的認同？！內心深刻省思至此，我從事這份工作的意義動機也有所轉變了，我開始以「千家萬戶都需要有保險」為主旨，是以此信念為軸心，秉持敬謹之心來從事保險業務，我相信，唯有從骨子裡認同這份職業的使命，深信保險可以助人的信念，站在客戶面前才有從內而外散發的自信與底氣。

我常用馬雲先生為何創辦阿里巴巴平台為例，他起心動念是為了「讓天下沒有難做的生意」，然後順便賺點錢。我很欣賞這種態度與邏輯，也拿來套用在自己身上，我告訴自己，為了「幫助客戶解決人生難題」，然後順便賺點錢。

『財富管理退休規劃』這個大議題，我的使命是「讓台灣老人豐盛富足」，而想要「確保有」這樣的退休生活，就得從年輕時開始規劃、佈局，找到一個正確的方法及工具，讓未來可以預見，具有這個機制的就是保險。

所謂『豐盛富足』，是指內在豐盛，外在富足。外

在富足靠正確的保單規劃，讓退休後仍有源源不絕與生命等長的現金流，富足退休且富裕一生！另外從精神層次來說，即使不是大富豪，但有了預先規劃，內心就會安心幸福，無有恐懼匱乏，這就是內在豐盛！

內在豐盛也包含了「別讓錢成為干擾平靜的因素」，也提醒客戶別以為只有「沒錢」會起煩惱，鉅額財富也會引起後代爭產，這也是莫大的煩惱。如何讓『錢』不成為煩憂起源呢？預先做好規劃，讓可能沒錢的未來，保證時間到錢就到，讓有錢的現在，資產得以保全，最後財富得以按照自己的意願傳承，讓後代感受到長輩的恩澤，用有智慧的傳承規劃來傳達愛與理念，正確教育下一代的金錢觀，讓愛延續源遠流長，基業長青。

常有人打趣的說，有錢人的煩惱用錢無法解決，但窮人的煩惱只要有錢就可以擺平，其實不然，錢固然可以解決很多問題，也可能製造問題。一個人想要達到內在豐盛，外在富足的身心平衡喜悅，是必須依賴正確的規劃來達成的，並非有錢就好！而何時才是規劃的最好時間，就是現在。

專業經營，深獲信賴

永達就像是航空母艦，每一位保險從業人員都是一架單兵作戰的飛行器，需要時常回到母艦來補充資源，包含法律知識、稅務、財經等專業技能，但這些都只能算是優良從業人員的底層配備，即使配備達到100%充足，要如何使用這些裝備呢？當然必須有環境來訓練，並且了解戰術和戰略，這也是永達環境最難能可貴之處，每一位高手都把經營心得貢獻出來，不僅無私分享，還願意無償指導，交叉輔導，跨不同處別彼此相互借力，這是永達最特別的共好文化！

一個優良的保險從業人員，應該具備哪些特質？從實務面來看，行銷金字塔可分為三層，最底層是「專業」，第二層是「經營」，最上層才會「獲得信任」。到達第三層時，業務人員已經成為客戶的信任核心，並願意委任為財富管家，把這三層需求理論來對應永達平台提供的資源，那就是精確的定位，正確的軌道，明確的目標，只要依循著走，必然會達到 MDRT 會員。

任何一項職業都會有壓力，我們要思考的是，壓力

伴隨而來的是恐懼，如何消弭這種恐懼和壓力？首先，第一層的專業技術是不可打折的，這是建構行銷金字塔的基礎，基礎不夠穩固，無論第二層的經營花了多少力氣，最後都會迎來倒塌的結果，更遑論得到第三層客戶的信任了。故優秀的業務人員為了夯實及熟練讓這行銷金字塔的結構更加穩固，甚至更上一層樓，就必須不斷持續進到這個複製的系統平台來（回到母艦）學習與精進。

快樂行銷 體現自他最大價值

　　我個人的行銷方式是「快樂方案」，把人生的風險轉嫁給保險公司，就可以高枕無憂，舉例來說，年老，是不可避免會發生的過程，多數人不喜歡老化，害怕失去對變數的掌控能力，所以，在變老之前，就先透過規劃，保障未來的生活，讓人安心，這樣反而對逐漸老化的每一個年齡段，都充滿期待，試想，孩子大了，退休不用上班了，卻每年都有一百萬的現金流入可以自由支配，這樣的生活，是否很值得期待？這樣也就不怕老的到來了，是不是？所以同樣都會變老，但有規劃與沒規

劃的心情有沒有差很多！？

　　快樂方案的最大價值，就是自己『設計未來』，保障未來的經濟無虞，既然退休是人人都會面臨的未來，退休規劃就是剛性需求，那麼及早做好未來的規劃，就是重要且必須的決定。故早期我就用八個字來形容保險，就是「拿掉恐懼，給予快樂」，所以保險是「予樂拔苦」的工具。

　　人生「快樂是終極目標」，也是我的行銷守則，這一路走來，核心價值始終如一，當我決定全身心投入保險行業時，當時只是認知到應該要把自己的心「安立」在這樣的態度上，那時就像是種下一顆「樂在工作」的種子，經過漫長的時間，這顆種子發芽了，長出枝葉了，心中的小樹也時刻提醒著我，實踐「樂在工作，快樂服務」的理念，也明白了這個道理，唯有我自身感到快樂，才可把愉悅的情感傳遞給客戶，也更能體現保險帶給人們的正能量。

　　但保險業是心情起伏劇烈的工作，挫折感大但相對成就感也很大！取得大單時很開心，沒有業績時很沮喪，心情就好比過山車，今年好，明年又擔憂，所以並非輕

易讓人可以恆常處在「樂在工作」中的，那麼要如何保持自己走在平衡穩定的軌道上呢？那就必須有正確的認知，理解到從業的過程所有的結果，不是賺到就是學到，其實都是好的，即使客戶還未接受我們的方案，我們也都盡了責任傳遞了可幫助他的訊息，要幫自己做「優點」的總結，肯定自己的價值，提升自我的能量，強大心理素質，這樣可讓自己身心保持在「平衡」狀態。

我在這個行業很久，看到很多人不斷給自己打氣，但是也會有沮喪的時候，自我激勵固然很需要，更重要的是，校正對這份工作正確的認知！如此才可找到平衡自己情緒的能量，這股能量是內在的工作價值，保險是自利利他的工作，自己把它定義正確了，有正確的認知，正能量才可源源不絕，才不會患得患失，才能身心平衡！

客戶是我們的好友在他煩憂時，訓練自己可以在短時間內，就把正能量傳遞給客戶，讓對方轉憂為喜，提供情緒價值。換言之，保險業務員不僅僅是職業，更要願意做客戶信賴的好友，不只要協助對方規劃設計、資產配置、財務管理，有時還必須接住對方的情緒，參與和關心對方的生活情況，當客戶發出「求救訊號」時，更要義不容辭的伸出援手。

我之所以隨時保持好的正能量，從談話之間就讓對方心情變好，在於我的心態和動機，因為正向的起心動念可以減壓，當我釋出真心的關懷，宇宙也會回饋我相同的正能量，聽起來玄妙？其實只要有正確的學習，有了正確的認知，做起來一點也不難，只看自己願不願意！有人會把「替客戶排憂解難」看做是服務的一環，我則認為，是傳遞正能量的過程，這也是我人生應該做的事，尤其當客戶對我像好友、像家人時。故我認為，與人往來，要有「乍見之歡，久處之樂」，見面時要感受到對方，並傳遞正能量，往後更長遠的相處，也要保持讓人愉悅的氣質，多數人都希望和人相處時感到愉悅，這就是正能量的傳遞。

　　我們雖然本身具有銷售任務，但行為舉止千萬不要被定位為「業務」，那是因為我們沒有關懷力、沒有溫度，故藉由不同的銷售技巧，展現真心關懷的經營藝術，對客戶認真負責，未來成為客戶信賴託付的人，從經營、討喜、信任到託付，這才稱得上是全方位的保險管家。

財商智慧與法商專業的實踐

　　定位！有定位才有江湖地位！踏入保險業我定位的市場與公司一樣，即致力於協助客戶做好一輩子的退休現金流規劃，以及財富管理方面做好資產保全及傳承規劃，以對抗資產所會面臨的「五大風險」，而這樣的市場定位，從業人員本身就需要具有正確的『財商智慧』及『法商專業』，方能協助客戶真正解決財富問題。

　　首先我們談談什麼是財商？在我長期的講座「財商之道」當中，時常與大家探討財商。財商簡言之就是「創造及駕馭財富的能力」，首先我們要了解錢的秉性與目的，錢的秉性是喜悅的、流動的、交換的，它只是個工具，目的是要帶來幸福與快樂的！然而人們面對「錢」真實反應卻往往是恐懼與痛苦的！沒錢時感到焦慮與匱乏，有錢時害怕擔心失去！為了要消除這些恐懼只好每天拼命賺錢，甚至心態變得自私、爭奪、算計，或是賣命的苦苦追錢，殊不知「金錢能量」反而是與感激、利他與喜悅等正向頻率才能相匹配，才能豐盛輕盈地賺錢，所以我們在銷售前是不是應先調整好自己的正向能量，然後把它帶去給到我們的客戶才行！但這樣的『能量調整』

是被很多人所忽略的！

其實富足退休只是人的剛性需求，故我們要幫客戶做好退休規劃首先要「喚醒需求」，如何喚醒？！我的步驟是「傳遞知識」，引用時事、財經或相關事件，然後「建立觀念」達到共識，再「引發需求」，進而「檢視需求」，與之討論該需求是否確為他想要的，或確實想解決的問題，確立清楚後，最後才是「解決方案」，提出與客戶需求匹配的工具！沒有經過這樣的銷售步驟，往往只是推銷商品而已，也不一定符合客戶需求，更是容易讓銷售陷入比較報酬率的拉扯中！用來「檢視需求」的工具，在永達主要是使用一張退休問卷，精準的問出三個有關退休的問題，就能協助客戶釐清退休金管理的原則，讓客戶理解到退休規劃是與一般投資理財不一樣的！

在我『財商之道』的課程中提到，人的一生都要跟錢打交道，而人生成年後的三階段：責任期、退休期、傳承期，各階段的人生財務重點會有所不同，故我把人生財富分為五步曲：學富〔20-30歲〕、創富〔30-40歲〕、致富〔40-50歲〕、守富〔50-60歲〕、傳富〔60歲以上〕，每一步當中要學習的重點也不太一樣。

在『學富』的過程中，重點在學會『管理錢』，要依花錢的性質來分類，分成短、中、長期來配置，可參考『標準普爾家庭資產象限圖』四大象限來分類，依著不同性質找到不同工具來配置錢，使其發揮錢的最大功能與價值，錢能分類好才可收益最大化！

　　以標準普爾資產象限圖來看錢的消費分類，有的錢是「要命的錢」，是短期生活花銷，有的是「保命的錢」，是防止突發狀況要用的大錢，應專款專用。有的是「生錢的錢」，重在收益，故要有高收益與高風險並存的觀念，有的是「保本的錢」，是為了長期一定要的目標而規劃，故需以安全、穩定增值為原則。有了「把錢分類」的觀念，就有了初期理財的輪廓。如何累積第一桶金，要有想法，要有習慣，懂得創造財富，也要懂得儲存財富，王永慶先生的名言就是「存下來的錢，才是你的錢」，很多曾經的有錢人，最後家財散盡，或是事業失敗，家道中落，歸納起來，就是「缺少良好規劃」，個人和家庭開銷，其實也要像企業經營，要提撥預算，要有緊急預備金的概念，要檢視消費習慣，以及要有為了人生某些目的採取「專款專用」的觀念，例如子女出國留學的教育金、優質退休的養老金等。

而在『創富』與『致富』的過程中，主要目的是要達成富足退休並能富裕一生，重點要學習如何養成正確的花錢計畫及儲蓄習慣，以及釐清投資與理財的不同，打破投資迷思，避免掉坑。一個人倘若在30-50歲的年齡段，先存到第一桶金，接下來對「理財行為」就會躍躍欲試，要想避開理財的迷思，得先釐清「投資」和「理財」的定義，兩者有哪些相異之處。

投資具有短期、高風險、獲利不確定性的本質，隨著賺賺賠賠，人心也上上下下，投資最重要的是投知，知道風險在哪裡，獲利有多少，如何做投資配置，一個年輕人手上若有100萬，可能就會做高風險、高獲利的投資，但也可能一次就賠掉一大半，反觀實業家的投資配置，是先保本，再投資，遇到好時機，去賺時機財，到了停利點就獲利了結，回投保本工具賺時間財，如此操作，既可以賺時機財，也可以賺時間財，這就是投資與理財兩者妥善規劃的結果。

然而退休金是理財的目的之一，談到退休規劃，那是要對長遠未來有金錢佈局的概念，首先他要先養成『先存再花』的習慣，學會先付錢給自己，其次再找一個工具讓理財自動化，第三是設計一個可靠的未來，最後讓

時間來完成這一切！然後運用複利的威力、時間的力量，做時間的朋友。靠時間賺錢這件事並非一般人會有的思維！其實退休規劃靠的是理財，但是很多人卻錯把投資當理財，投資只有一個目的，就是賺錢，而理財則是為了某一個目的或計劃而進行的財務規劃，時間到錢也到，讓此財務規劃協力你目的的完成，使命必達。這才是理財！而投資是賺時機財，要時機對、標的對，才能有獲利，但得自負盈虧！而理財卻是賺時間財，故資產應分散配置在不同屬性，不同風險程度的位置上，最後讓理財避投資的險，同時也可在有時機時賺時機財，沒時機時就回來賺時間財，讓此二者的優勢相輔相成，達到雙贏！故投資與理財是用不同工具的，兩者並不相違！

但人們由於對未來的恐懼感而僅想到要多賺錢，想要快速累積財富，眼中只想尋找高報酬的投資項目，完全無視背後的高風險，許多人因而折騰了半天，在投資市場浮浮沈沈，到老時能不能安全退休，都沒把握！迷思於投資報酬率當中，忽略高報酬伴隨高風險的真理，真的相當危險，不得不慎！

我想大多數人的願望只是想未來能『財富自由』，財富自由簡單來說就是『現金流入＞日常支出』，這樣

的現金流狀態若能持續不斷一輩子，是不是能令人感到安心幸福！好的現金流有三個指標，一是變現快，二是沒損耗成本，三是不易被凍結，故規劃現金流時要注意到此三指標，好的現金流規劃也要有「保護賺錢的人及保住賺到的錢」的功能，想找到符合這些特色的工具，那就是要透過保險規劃，而且還可以隨時間不斷增值，擴大資產，故保險也常被應用在資產保全。其實要想實現財富自由，有時並不一定要做多麼複雜的投資，只要運用相宜的保單，做好與生命等長的退休現金流規劃，就能享受到財富自由的幸福與喜悅，故何樂而不為呢？

在『守富』與『傳富』的階段，主要學習要有『財富風險意識』，最大的風險來源於你看不見風險！識別財富的五大風險：投資風險、經營風險、稅務風險、婚姻風險、傳承風險，各應以何種工具來對治風險，保護資產，放對地方，這是應好好學習的課題！在『守富』與『傳富』的階段，除了要有財商智慧，更要學習與運用我們的『法商專業』了！

『錢』就像水一樣，水能載舟亦能覆舟，財富萬一沒管理好，不是被風險帶走，家道中落，就是帶來糾紛與磨難，因為金錢的牽扯，會令感情變質，不要用金錢

來較量人性！所以管理好財富有沒有很重要！？但如何叫管理好財富呢？首先我們要弄清楚財富之於我們的目的，我們應該不是喜歡財富本身吧！我們是喜歡它所帶來的安心與幸福，是能協助到子女、親人，甚至能幫助到他人而帶來的成就感，故我們只要因著這些想要達到的目的，運用可達成這些目的的方法及工具來預先規劃，就可輕鬆解決人生財務問題，且符合我們各方面的財務需求，所以其實用對方法及工具就很簡單，正所謂「大道至簡」！但我們保險從業人員要能真正協助客戶做好財富管理，本身要夯實法商及稅商專業，才能正確地運用金融工具及法律工具的特殊機制，也才不會有規劃錯誤的失誤造成更大損失，所以應持續的學習！

談高額保單的資產配置，須了解其需求，能解決他的問題才需要做規劃，故銷售的溝通流程我將它區分四步驟：一、拋議題，二、問意見，三、解需求，四、給方案！這些步驟的相關細節在我『以法商視角看保單機制』的講座中有詳細探討。

談高額保單並不是要去幫客戶上課，所以不能以自己所學的專業直接去「教育」客戶，必須有「共情力」，業務人員要具備情商、財商、法商。情商助你打開話題，

財商助你回歸主題，法商助你解決難題！而講商品不如講工具，講工具不如講金句，講金句不如講故事，大家都喜歡聽故事，有些法商故事發人深省，別把發生在別人身上的故事，變成發生到我們身上的事故！他山之石可以攻錯，故我們應跟客戶傳遞這些法商故事，以利其早做規劃，避免犯錯！財富的風險規劃要有預防勝於治療的觀念，『在陽光下深度思考，方能在風雨中閒庭信步』。

理財新思維，富裕一生更要富貴傳承

現代人喜歡談理財，更重要的是要具備「財務智商」（Financial Quotient，簡寫成 FQ），就好比人際交流需要高情商，投資、理財則需要「高財商」，就是這種邏輯。

二十一世紀被稱為「觀念致富的時代」，有觀念，就會有錢，沒觀念，財富也守不住，所以才說，觀念和金錢是同等重要，唯有提升「財商思維」，更新對財富的認知，甚至突破認知的邊界，才可以賺到邊界以外的錢。

一個人有錢，還要有觀念，意思就是，一個人要有創造財富的能力，更重要的是駕馭財富的能力，很會賺錢的人，而無法駕馭金錢，屬於「金融文盲」，例如美國的知名運動員，雖擁有高年薪，但經過統計有一半退休後竟申請破產，所以提升自身的財務智商，理解財富的意義，如何配置才能掌握財富帶來快樂的本質。然而錢是中性的工具，可以做好事，也能做壞事，端看使用的人如何安排。

　　金錢必須帶來快樂，這既是宗旨，也是目的，身為客戶的財富管家，提升財富智商，不僅可以規劃更完善的資產配置，也可用在自身，讓自己及客戶的人生帶來豐盛的收穫。

　　智商、情商很重要，但財商也很重要，廣義來說，可以理解為理財智商，不僅要提升「財商」認知，最好時刻保持在高維能量狀態，因為金錢是屬高頻正能量，想要創造財富，我們就得與之同頻共振，就必須具有體諒、樂觀、感激、寬恕等高頻能量，從精神層次和物質層次顯現出來，人的內心一旦存在匱乏的狀態，越怕沒錢，就越感到恐懼，能量就越低頻，『金錢能量』也就離得越遠，而且也越無法得到他人的信任。

愉悅的精神，更具有創造財富的吸引力，反觀一個內在匱乏的人，往往人際關係也不好，即使有錢，也沒有智慧去擺平紛爭困擾，無力去安排好的資產配置。內在匱乏感，來自「貧窮思維」，很多人即使比多數人有錢，但還是擔心「錢不夠多」，心生煩惱之外，更窮畢生之力都在追求財富，忘了心靈成長，這相當可惜。

人人都想財富自由，然而對「財富自由」的定義，卻往往模糊不清，從現實面來說，財富是一輩子的事情，要看一輩子的「關係」，常說人生有三大負債，是指目前的房貸、未來小孩的教育金，還有自己的養老金，只有先把這三大負債都及早規劃了，內心才能安定，財富自然會隨之而來，而這份讓人安心的規劃，只有保險做得到。

理財應該有目的，更要有策略，保證屆時一定會達到目的，穩定，沒有風險，所以說，好的理財規劃是穩定及達成，不是著眼在獲利多寡，故只要好好的理一生的財就夠了。長遠來看，應以現金流為王，現金有短期需求，有些是預備金，有些是週轉金，而子女教育金，未來老年養老金，不是只放在存款或投資，而是要合理配置，保本和投資要達到平衡。

理財要有新思維，要提升「財商」，這些顛覆客戶既有理財觀念的課程，永達平台都會定期舉辦，讓同仁得以借力，邀請客戶來參加講座，從觀念來提升理財的思維，理財的主旨是為了「財富自由」，因此更要規避投資風險，在賺錢的同時，就開始規劃、提撥，如果客戶手邊有大筆現金，首先要建議它打底保本部位要足夠，才能用理財避投資的險，因為從大環境經濟走勢來看，三到五年就會出現一個景氣循環，手邊保有現金流，才是王道。

　　2008年連動債風波，2023年金融倒閉潮，都造成許多人嚴重的財富損失，由此可見，穩健而具有複利的商品，才可能保本又增值，這項功能，也只有保險做得到！想把財富變多變大，是人之常情，然而卻常常遭遇更大風險，保險規劃不僅可以提供穩定的收益，在保本之外還有創造財富的機會。

　　退休保單就是布局一個與生命等長的現金流規劃，也就是提早規劃未來的實戰能力，舉例來說，甲、乙兩人是好朋友，退休之後都想花利息錢過基本的退休生活，那麼退休的老本要放在「哪裡」？甲曾聽了有關「鎖利」的概念，所謂鎖利，就是提升錢的競爭力，懂得拿一部

分錢去配置，經由時間＋複利效應，甲退休時的老本就會產生更多增值，而乙退休老的時候只敢把老本放在銀行，結果同樣的老本，每年增值的現金流差一半，兩人往後的日子會不會大不同？面對風險要如何鎖住財富，可以使用複利工具，創造時間價值，提前規劃和配置。

財務規劃是為了某個目的，例如環遊世界，想在75歲之前到國外旅遊，現在就開始準備這筆錢，有時是為了子女教育金，年紀更大時，是為了財富傳承，不論出於哪一種目的，背後都有相同的觀念，那就是現在就要開始「為將來負責」，故現在就要開始規劃起來。

關於傳承，有人會認為，生前就把錢贈與給子女，會導致「子女就不想努力了」，我們的贈與卻讓他喪失上進心，愛他卻害了他，這一定不是我們想看到的，所以有智慧的贈與是要做「沒有感覺的贈與」，直接贈與金錢或房地產都會帶來後遺症，甚至引起子女身旁朋友的覬覦，讓感情變質，甚至引起殺機（五億高中生的例子），故做保單贈與即是最有智慧的選擇。也有人把錢拿來購買土地、房屋等不動產來傳承，然而時代改變了，人口老化，少子化趨勢，空屋率倍增，土地、房產未來還能增值嗎？不動產的傳承還有高額稅費的成本問題，

且還常引發繼承分配的糾紛,所以不動產還是傳承的好工具嗎?值得三思!

都說財富萬般帶不走,但是善用法律工具和保險工具,來預先做好規劃,對資產具有良好的掌控權及分配權,保障人生最後尊嚴!意雯從事這20年來深知沒有完美的工具,只有完美的組合,以法律工具打底+保險工具組合,在事情還沒發生之前,已經做好所有規劃,讓傳承給子女的不只有財富而已,更有思慮周密有為有守的長輩風範,盡顯智慧與遠見,能令後代效法!

人一輩子的資產,就像是英國皇室指定配戴的百達翡麗手錶其中的廣告詞所說:「沒有人真正擁有百達翡麗,只是幫下一代保管而已」,這真是道盡傳承的真諦!

客戶、環境與我，正向交流產生高頻能量

　　置身在業界 MDRT 完成度這麼高的永達月碧區塊平台裡，不完成 MDRT 也難，這就是環境的力量，站在高處看得更遠，和成功者接近，離成功就不遠！

　　要拿到 MDRT 終身會員，要有源源不絕的驅動力，我的驅動力有三：一是家人。二是要在這個產業做好以期能長久的服務好客戶，以此來感謝我的客戶。三是捐助公益，我認為生命的意義在於能做多少付出與貢獻，故這也是我莫大的驅動力！我業績來源多半是舊客戶的轉介紹，或來自舊客戶的支持與加碼，我的客戶年齡平均在六十歲左右，不僅對保險有概念，更了解財富規劃的重要性，我常對客戶說，保單也是資產，只是換個位置放，「錢沒有不見，只是變成更美好的樣子」，讓保單把資產變得更有價值更有意義。

　　常人把職業當成收入的主要來源，其實賺錢有很多種方式不一定要哪一種，所以應找到自己熱切渴望的工作，這樣才能保持熱情與快樂！因為渴望，所以有驅動力，也才有持續力。如若無法找到可以匹配自己興趣熱

切渴望的工作，那就將目前自己的工作提上價值，別抱怨別抗拒，找到它的使命感和價值感，相信如此也定能因獲得成就感而愛上它，進而快樂工作，因為是在執行我的工作價值呀！給予客戶快樂與安心，我的快樂來自可以幫助到客戶，正向循環的能量，隨著交流變得更大。

正向交流的能量，可以支撐每天受到的打擊和挫折，很多人聽過「世界虐我千百遍，我待世界如初戀」，現在我秉持的信念就是「保險虐我千百遍，我待保險如初戀」，人需要自我激勵，也需要客戶的鼓勵，好像電光火石交相會，立即有了新的啟發。

保險從業人員如果把自己定位為銷售商品，靠的是勤奮，追求業績目標，那壓力當然很大；我研究所畢業後，從事的工作都是專業白領，要進來做保險業務時，心態上還是有點搖擺的，一個人有很多選擇時，就會遲疑，當時在會計師事務所，以專業服務客戶，兼做保險也就是職涯延伸的概念，兩份工作重疊做了七年，直到 2009 年之後，才將自己「定位」在保險從業人員，這也讓我真正體悟到保險的真諦。2011 年就結束會計師事務所的工作，專心以永達為主，將自己定位為風險規劃顧問的角色。

然而在保險銷售的歷程中，沒被客戶拒絕過是不可能的事，且因而產生挫折、負能量、甚至恐懼與自卑都出來了！偏偏人的內、外在表現，是相互影響的，故唯有內心非常肯定自己所提出給到客戶的方案有多好，是多麼能幫助到他，內心充滿自信，肯定自己，外在舉止才會充滿能量，有底氣。想要鍛鍊身心平衡、不卑不亢這樣的氣場，那就要內外兼修，「好好練功」！「外在」要把所規劃的內容弄得明明白白，對客戶的好處是什麼，最好能設身處地想一想，如果有人對我建議這樣的方案，我是否也會接受？若不接受是為什麼？還有哪些疑慮？我稱之為「幫客戶擬問題」，其實就是幫自己找答案。

「內在」就要學習覺察自己的思維，學習心靈成長！美國著名心理學家大衛霍金斯博士提出「高頻能量」論述，表示一個人的振動頻率越高，越能達到共情，具有慈悲心、對人寬容，甚至可以超越一般人的 200 頻率達到 500 頻率的話，散發出來的能量，更具有善解的效能。換言之，銷售是高壓的行業，如何解鎖這樣的高壓狀態，若能提升自身的能量頻率，不僅可以利人，對經營保險事業更有幫助，最後也回到利己的狀態。我在學生時期學的是護理學及衛生行政管理，現在是學習佛學並執行其理論，佛學其實是一門心智科學，是更究竟的哲學和

心理學，從運用的角度來說，其對自身提升能量頻率實有非常大的幫助！

幫助別人成功 正是團隊使命

2015 年 1 月意雯成立營業處，我要帶團隊，也要完成 MDRT，簡直分身乏術，本身壓力非常大，根本找不到快樂的點，要如何走下去呢？這時我認清現實，我要好好發展團隊，把經驗傳承給夥伴們，幫助別人成功，就讓助人的成就感，驅使我繼續往前行吧！於是我開始大力協助夥伴們學習銷售，這也讓我體悟到原來「銷售」也是一門專業啊！

學習需要過程，然而知道與做到是兩個層次，所謂練功，可不是背熟商品的 DM 內容就好，而是內化成自己的語言，面對客戶的當下，必須清楚詳述保單對於購買人有哪些幫助，對後續的人生將會有哪些助益，精準地說出該規劃的價值，也正因為每一個人的夢想都不同，所以就要「以終為始，往前推算」，先了解客戶的需求，順著客戶的回應，往下延伸。用正向的語言，解說保單

規劃的重點，這是正向行銷的關鍵。

客戶也許會問，保障要買多少才算夠？我認為至少是房貸或負債的額度，用高倍數保障的壽險，同時繳費期間也啟動豁免保費機制，形同轉嫁部分失能風險，被保險人是家庭經濟支柱，薪資高，保障也要高，投保的那一刻，就啟動保障，想要分散人生風險，保險規劃絕對是最正確的選擇。

在如此競爭白熱化的市場中，我要如何「勝出」呢？認真、專業、真心關懷及服務熱誠是為基礎，另有溫度、感性訴求的語言也格外重要，舉例來說，阿公阿嬤要把財富贈與孫子女，可以透過保單規劃，加上保險金分期給付的功能，落實「富過三代」的資金布局，孫子女領取的年限更長，阿公阿嬤的愛，也會綿延下去。不能落入「人在才有價值，人不在就被遺忘了」的窘境，要如何被長久的緬懷，藉由工具來延續傳承的記憶點，保險金分期給付或保險金信託就是一個很好的工具，體現人的價值，也體現尊榮的價值

當一個保險從業人員深刻體悟到保險是一個專業的工具，可以為客戶解決問題、分散風險的時候，自信心

才可以建立起來，熟悉工具，還會溝通觀念、打深觀念、找到利他處，這就對了。每一張保單的目的和價值都「綁在一起」，想要客戶買單，就要找到這張保單規劃對客戶端產生的長遠利益與價值。

銷售本來就有不同的心法，有些人天生具有天分，但有更多人得透過學習才能成功，我就是屬後者這款的！每個人的氣質不同，特質也不同，只要願意投入，經過時間打磨，人人都可以是一把行銷利器！但「凡是無法複製的，都不值得羨慕」，我經過 20 年的淬鍊，除了銷售技術能複製，也將銷售心法做系統化的步驟流程，讓銷售心法亦能複製，以期能協助夥伴們穿越銷售的內心障礙，在操練內心強大的過程中能更為順利，並在保險銷售的旅程中真正體驗到『自利利他』！

銷售的最高層次就是「不銷而銷」，自發式喚醒客戶的風險意識和需求，透過金融工具與法律工具，可以把房地產、股權……等各項資產，做到良好的配置與規劃，預留稅源、遺產外現金，透過保險規劃指定受益人都能達成，這些專業知識或各種法律的整合應用，都可以在我們團隊的平台系統裡得到詳盡的解惑與學習。

身為永達人，不但為人生找到自我實現的價值，也為未來做好預先規劃，這不僅是專業培訓帶來的體悟，更是環境影響所致，印證一句老話，和成功的人在一起，離成功就不遠了！

　　非常感恩及感謝一路以來支持我的客戶親友們，你們的支持是我持續前進的最大動力！感謝月碧總的知遇之恩，感恩月碧區塊互助共好的文化，更感恩意雯處所有的菁英夥伴們，感謝你們的相互扶持，我們要再一起努力下去，讓保險的價值與功能，從我們身上傳達出去，從我們身上迸發出光芒來！

　　最後以清淨無窮盡的心意來感激我的恩師日常師父及真如老師，以及各師長們對我的恩德！

共創巔峰
冠軍團隊勝出秘笈

|黃意雯|
觀念致富 快樂服務學

成功在我
盡其所能 發揮長才

劉凱妍

現任

- 業務協理

保險年資

- 十八年

得獎紀錄

- MDRT 終身會員
- COT 會員
- 美國 MDRT 百萬圓桌會員 2007 年～2024 年連續 18 屆
- IDA 國際龍獎終身會員
- 2013 年度業績大賽 個人主管組第三名
- 中國之星金星獎
- 2017 年德國極峰會議 個人組第一名
- 2017 年 1 月晉升業務處經理
- 2018 年度業績大賽個人組第三名
- 中國之星金星獎 2016 年～2024 年連續 9 屆
- 百萬菁英推手獎
- 2020 年個人組 13 個月繼續率獎第三名

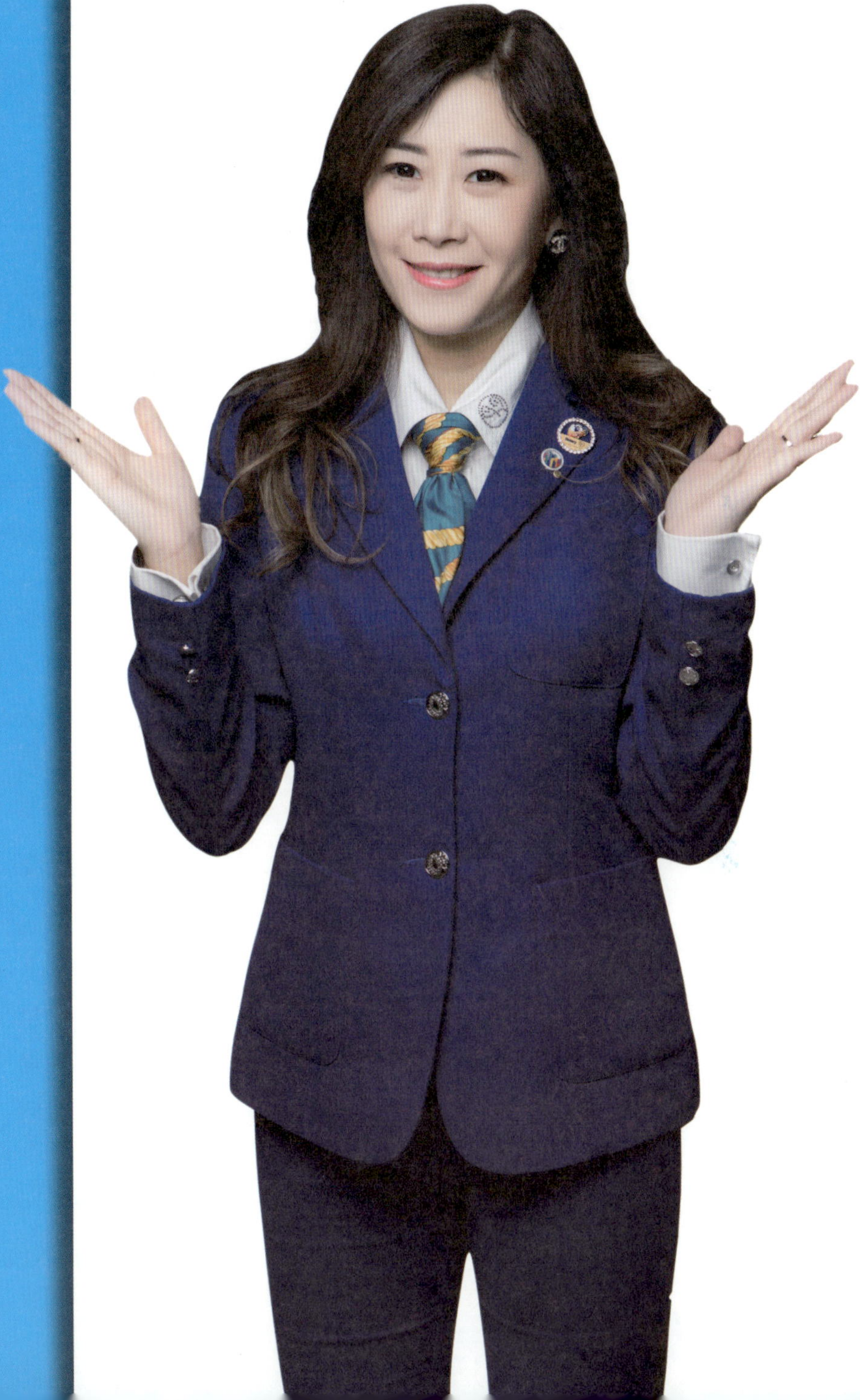

選擇，對許多人而言，是提升事業成就的重要選項，有人把高收入當作願景，有人正在實踐高收入的目標，對我而言，從銀行業轉到保險業，財富自由的成功關鍵，就是選對平台。身為團隊長，也持續傳授個人營銷經驗，目標是讓 30 歲的年輕人，擁有 40 歲的專業能力、和更成熟的思維，既有年輕活力，又具備專業成熟度，早日成為理想的自己。

年輕創造無限可能

關於就業選項，我的家庭養成教育，就是定調在「金飯碗」，所以大學一畢業，就進入花旗銀行工作，包括我弟弟和弟媳，也都在銀行服務，換做現在的觀點就是，培養一個不滅的專長。從這個基礎來看，我的職業生涯選項，其實 20 歲就決定了。

2006 年我從銀行業轉戰保險業，拋開世人眼中的金飯碗，投入沒有底薪的保險業務，當然也迎來親友「驚訝的眼光」，促使我做出決定的關鍵因素，就是「拿到工作的自主權」。

除此之外，我也看到「就業市場發生變化」，以往在金融體系工作，被視為高收入行業，公司極力投入資源培育人才，然而在這一年，我體驗到了，相較於以往，公司投入的資源相對少了，不僅如此，全世界都在面臨「中產階級消失」的危機，M型社會成為市場無法改變的趨勢，還有公司經營的人力成本考量。

在台灣則有更多嚴峻的考驗，包括政治影響的改變，遊戲規則在改變，以往富人隱匿資產的避稅機制被瓦解，商場的遊戲規則被打破了，台灣正式進入人口老齡化社會，同時期中國出現經濟高峰，賺到錢的台商比比皆是，這些都是「世界正在改變」的現象。

眼見經濟體系正在改變，面對未來，我也想做出新的選擇。

「拿回工作自主權」，字面上看起來抽象，實務上卻很具體，舉例來說，在銀行工作銷售理財商品，是被動地必須完成分派的額度，在遵循法律的規則之下，提供客戶相對優勢的商品，即使獲利，也無法提高資產保障。

反觀保險則不同，顧客的需求，是我更重視的「商機」，更直白地說，我要使用人類專屬的思考能力，為客戶提供妥善的規劃方案，而非只是一台業績高超的銷售機器。

2011年永達進入中國市場，對我而言，是一個嶄新的思維衝擊，我再也不能只把自己放在台灣，或以台灣為立足點放射出去的市場，而是重新評估自己，是否能在台灣和中國兩地市場同樣具有競爭力，我在台灣獲得好成績的營銷能力，是否也經得起國際市場的考驗？

2017年我轉戰上海，當地的高資產族群，所需要的專業服務面向更廣，包括雙重國籍，國內外資產轉移，甚至是企業接班、財富傳承等各種稅務問題，在中國的兩年，實務經驗和專業學習，用「留學」來形容也不為過。

中國市場崇尚「狼性」思維，與台灣年輕人「佛系」作風，顯然有極大的差異，對我來說，要如何在台灣市場拉近兩地之間的差異，也是目前我建立組織團隊很重要的思考點。

2019年回台，2020年全球爆發新冠疫情，對保險

業來說，是危機，也是轉機，更多人看見環境、經濟「風險」的不可預測，反而對「保險」產生更大的依賴感。

2019年到2022年間，我順利發展團隊，從原來的6人成員，發展到40位，並且創造4人中有一人拿到MDRT的顯著績效，我的團隊成員有75%是1990年以後出生，「年輕化」是我一開始招募成員設定的目標，事後也證明，台灣年輕人值得被培養，只要用正確的模式，給予專業訓練，每一位都能成為可造之才。

合適的職場在環境

台灣傳媒喜歡給年輕人「貼標籤」，就業市場流動率高，就貼「草莓族」，形容年輕人吃不了苦，但平心而論，有誰真正去檢討就業市場或職場環境的問題？

很多行業都在抱怨缺工，企業主抱怨人才去哪裡了？其實是年輕人的就業思維改變了。我認為，以往是就業市場，員工找老闆，現在是徵才市場，老闆找員工。當一個年輕人發現「這個職場不是我要的」，就會離開，

這種被企業形容「動不動就離職」的任性，其實正是年輕人行事果斷的特質，不浪費時間在不合適的職場，每一次離職，都是為了尋找更合適的目標，更多人找不到理想中的「職場」，就乾脆去創業了。

整體來說，創業並不比就業容易，承擔的風險和辛勞也不會更少，從這些現象來看，台灣年輕人看似缺乏耐性，其實對未來的職業生涯，有著更遠大的憧憬和目標，而未來發展，更是年輕人選擇就業環境，非常重視的一環。

反觀台灣職場的升遷制度，常常是資深的不退休，資淺的就沒機會成為管理職；這種「不看實力看資歷」的升遷規則，也是年輕人不願「熬下去」的主因，年輕人的想法是，時間寶貴，我可不想循著老人的軌跡，去過這種一眼就看到終點的人生。

年輕人嚮往有前瞻性、自主性高的工作，除了不想被固定薪水限制，也想要創造價值型的收入模式，因此，換個思維，哪一個產業符合「具前瞻性、自主性高、創造價值型收入」的特性，可以經由這份工作去接觸各行各業、也學習各行各業的專業知識，收入也隨著職業發展成正比，具有以上這些特性的行業，就是保險經紀。

進入保險業，首先要判斷一家公司是否優秀，有幾個重要指標。

第一是現金流量，這來自業績和人才。人才是企業最大的資源，願意投入大量資源培訓人才，尤其老闆是前端征戰，參與式領導，不僅是幕後操盤而已。

第二就是追求知識的提升，讓人才真正獲得知識，並藉由知識專業去「變現」，意思就是把非現金的資產，變成現金。我的團隊會吸引九零後年輕人的原因，就是獲取知識的效能和速度快。

第三是未來發展，公司體制，會影響員工發展和企圖心，成立業務處，有效率有系統地擴充團隊規模，職業發展必須「看得見」未來。

工作，不僅是生計所需，更是影響一生發展的關鍵，綜觀年輕人的就業願景，不外乎一、證明自己的能力和努力，二、更早實現財富自由的願景，三、表達自己。

舉凡賺錢能力、理財觀念、資產佈局，或許可以從書籍學習，但畢竟是別人的經驗，並非為自己量身打造，

想要落實總有力不從心的窘迫感，我認為，想要實現財富自由，必須先學會賺錢和會理財，其次是面對市場挑戰，被定義為成功者，都必須具備的良好的表達能力。

以我的就業經歷來看，從大學畢業到銀行工作，到後來轉進保險業拿到 18 屆 MDRT，一路順遂，是別人眼中「人生勝利組」，除了歸功於成長時期家庭的全力培養，進入職場之後，我仍然不間斷、有計畫地提升專業實力同時也完成了碩士學位，因此可以自豪地說，目前已經財富自由，可以過上「夢想的生活」，所以常被問到，妳怎麼還不退休？我總是笑答，因為怕老！我認為，在市場上不斷地創造更高價值，永遠被市場需要，就是最好的抗老秘方。

一個人職業發展是否順利，牽涉到幾項關鍵因素：第一是畢業當時的選擇，第二是企業提供的環境和發展性，第三是進到企業時，可能會遇到的限制或發展，第四是具備兩岸可以發展的實力。

以我的第一份銀行工作來說，銷售技術的培訓目的，是為了創造銀行的最大利潤，而非個人（客戶），銀行談利率，是指錢的價值，反觀在永達平台所受的訓練，目

標是客戶的資產得到保障，不僅於此，從保險經紀的角色，協助客戶解決稅務問題，整合專業資源，可以做到超越工作價值，躍升為資產全面化的規劃顧問，凡是和銷售有關的工作，被拒絕都是常態的，無須感到挫折。人生要追求做好眼前的事情，想要經營別人之前，要先把自己經營好，專心致志，是一切成功的關鍵，對我來說，保持進步很重要，一旦啟動就不會停，客戶就會有安全感，答應的事情就要做到，承諾是真的，用行動讓承諾實現，就能得到別人的信賴。

認識自己 先和身體對話

很多人說，保險顧問是個高壓的工作，我完全同意，任何一項高報酬的工作，一定會有相對的成本，如何在這個行業走得穩健長遠，還能獲取豐厚的收入？那就是把「保持身心健康」，納入必要的工作守則之中。

我認為，越是含金量高的工作，壓力就越大，想要保持身心健康，首先要開始學習和自己的身體對話，包括體能對話、腦力轉速對話、人際關係對話。

很多人說,我忙的沒有時間管理健康,我要問,究竟是沒時間,還是時間管理不好?多數人是時間管理出問題,也就是沒有把「管理健康」的活動,列入日常的工作流程。

多數成功的企業家,都有固定運動的習慣。運動之後,就會開始認識身體,懂得「如何使用身體」。舉例來說,清楚知道肌肉的能力、含氧量,做哪些事才不會造成身體的負擔。這樣的觀念和從事保險顧問,有異曲同工之妙就好比會見客戶前,要先收集客戶資訊,準備相應的方案內容,這就是「認識 & 使用」的概念。

任何人在無法達到想要的結果時,就會產生挫折感,想要達到目標,就會付出更多努力。這是對工作的期許,同樣的,人也必須和身體對話,為了身體健康,究竟願意付出哪些努力?

假設一周只要付出一小時,就可以得到和身體對話的機會,報酬率就算很高。多數人不是沒有這一小時的空間,而是沒有提前「預約」,換言之,就是沒有把運動規劃到行程表,這和排工作時程是相同的概念。

邀約客戶，第一步就是預約客戶的見面時間，健康管理也是相同的做法，預約一個專業教練，學習如何運動的知識，有了健康的體能，就有更多力氣去賺錢。以我的經驗來說，付錢給專業的人來指導，藉由錄影紀錄，回放檢視，就會知道自己是否更進步了，這也是和自己身體對話的驗收成果。

體能、身體管理、腦力轉速，三者之間都有絕對關係。一個人的腦筋轉速快，體能和健康狀況很好，處理事情的效率就更好，現今是知識創造財富的時代，腦力就等於變現能力，腦力也展現在人際溝通人力，反應慢半拍，就會影響到人際關係，領導者不只是要具有領導力，好體能好的腦力轉速，也是領導團隊的生存之道。

如何將體能維持在良好狀態？無他，就是規律的運動和時間管理，和良好的飲食習慣。一個把形象維持在良好狀態的人，可見也擁有管理和自律的特質，這也是培養未來主管的重點。

一個團隊在市場上有無勝出優勢，主管形象也成為增員的選項之一，同樣的，增員要則也要包含體能好、時尚感、年輕感的外在形象，這些看起來很「表面」的

條件，其實透露出更多「內在」的訊息，對我來說，表裡要一致，才有機會成為被客戶肯定及尊重的保險經紀人。

金錢的強大能力

人生有幾件事情，對我來說，非常重要，也是福氣的源頭。第一是孝順父母，以及有孝順父母的能力。當我的收入優渥了，就更有能力實現父母的願望。第二是具備領導人的能力、行為、思維，包含與人相處的能力與更溝通力，都必須讓組員了解。

知識就是力量，也是財富翻轉的機會，當知識不夠用的時候，必須即刻完成知識補充，就像一支鑰匙來打開新的門。我認為，學習用知識來翻轉個人財富增長，這件事情非常重要。

很多人認為，談賺錢很俗氣，直白地說，就是變現能力差，商界有一句名言「金錢和學歷，是擁有的人，才有資格定義它的重要性」，如何驗證成績，都是有數

字根據，好比一本書賣得好，就是量，錢賺得多，也是量，並不是用一兩句自我安慰的話來逃避現實。

面對收入的現實，再來一一拆解，哪些部份應該具有更好的發展性，舉例來說，用一張薪水單來看成績，單一的件，可以提高收入，那就是好的成績。同樣的原理，組織收入增加，組織發展和擴大基本盤，就是組織的成績功能，公益捐贈的數字越高，表示個人收入的創造能力越高，以成績單的指標來看，就能知道不足之處，從而加以補強。

理財必須仰賴記帳，有錢都是算出來的，鼓勵夥伴們，重視家人的期望，激發對成績的追求，從薪水單就可以檢視出來，每一項都是有憑有據，可以分析補強和提升，成績的追求，並非空泛的追求，而是從薪水單去正視，成績從何而來，如何提升，做到更有效的學習。

擴充組織，首先要學習如何招募，如何面談，如何認識人的潛質，提高單件的規劃數值，必須具備相對的專業能力，學習過程不可少，從一張薪水單去學習各種成績的提升，學習如何賺錢固然重要，在此之前，應該先重新定義「錢」的使用價值，有能力有機會提高收入，

強化家人的生活質量，一個有能力管理收入的人，把自己定位為企業主，格局也就不同，最終目的是找到讓自己變好的點，不能成為富二代，讓自己有機會成為創富者，把過去際遇的怨懟心態，轉變超越過去的能量，有才華也可以成為變現能力，自律的人縮短與成功的距離。

如何談錢，「錢」是所有商業活動的交易工具，具有量化和計算等萬年不變的定位，換言之，「把錢搞懂」，就會了解很多產業，接觸人跟錢更了解其人生觀與價值觀，有效率且完善地運用金錢，快樂也就隨之產生。有了錢，必須有健康，否則快樂就無法全面。我想要傳達的理念，就是把錢管理運用好，也要顧全健康的身心，達成自我管理的目標，目標是更快樂。

碰到錢，就不免會有計較的問題，然而，計較和比較，這是人際關係的迷思。我常跟同仁說，如何經營家庭關係，可以用職場來練習，意思就是，一個會在工作上責備主管的人，通常也會面對家人的 EQ 差，因為抱怨是一種習慣，不見得是人家對不起自己，但就是習慣發牢騷，或是在職場環境俗稱放毒無法專心專注做好任何事情，充滿負向能量，讓人沒有好心情。

職場氛圍，往往影響一個人的身心健康，我們常說，工作不難，難的是與人相處，我認為，改善職場氣氛，必須人人都有共識、共情，說白了，就是人與人的凝聚力，大家都願意謙卑好好相處的正面思維，就等於是為自己和他人，創造了一個更好的工作環境。

　　倘若和家人關係都處理不好，如何在職場上和同事好好合作？工作的最高原則，就是怡然自得，然後把愉悅的情緒帶回去給家人，設身處地為人著想。把家人也當成客戶一般禮貌以待，讓客戶與家人都獲得親切關懷，而不是紙上談兵，這是建立良好人際關係的基礎，試想，我在工作上可以設身處地為客戶著想，當然也想付出愛心與耐心回饋他們的支持。

　　在職場團隊精神，應該和參與教會相同，傳遞愛與包容、關心別人的處境，以這種理念，學習和夥伴們互信互利，共同成長。

好規章 凝聚團隊實力

身為領導人，我帶領團隊的關鍵字，就是「經營、管理」，經營包括客戶、人際關係、組員，其次就是培養耐受挫折的能力。

舉例來說，組織經營得好，組員成績優異，就不免要自立門戶，對主管來說，就是「重來一次」，同業中有很多人把「裂變」看作是「業績歸零」，這種想法，其實是公司制度造成的結果。

在永達的平台，就不會出現「業績歸零」的問題，因為「裂變」出去的整體業績，會回計到我身上，效期長達十五年，這是公司的典章制度，也是彌補分支出去，原團隊業績所產生的短期空缺。因此，對我來說，每一個「裂變」都代表我已經扶植年輕人又成功一組。

假若公司沒有這種優質的規章制度，主管就很容易出現「幫人做嫁」的計較心態，阻止讓優秀的組員獨立自主，擔心會多出一個競爭對手，這種現象和企業中「老人不退，新人沒機會」的現象，其實相同。

一家正向而穩健的企業,必然會有明確的典章和福利制度,不僅在關鍵上幫助員工成長,整體來說,企業和員工都可預見更完好的自我經營和未來發展,團隊領導也得到更好的收入,更大的團隊,更大的業績,使優秀的業務人才,培養出企業家般宏觀的格局。

　　如何讓團隊成員可以產生「共性」,也就是大家認同度,我們喜歡高收入,並且會有好結果,辛苦會產生對價關係,得到我想要的東西,這才是圓滿。

　　選擇團隊需要判斷能力,因為優秀負責的領導,不僅影響到一代夥伴,甚至影響到幾代人,同時把正確的觀念傳達給組員,未來可見到,不只手上的保單,而是一個可長可久的事業佈局,不會墮入死亡螺絲,而是更宏觀地去看待團隊的經營,想得長,想得遠,這是一個人從就業轉型到創業的原則。

　　很多人創業,是迫於無奈,就是不滿公司的種種,並且缺少自主性,尤其是時間的自主性,而限制了未來的發展性,只好自己當老闆,自負盈虧,在沒有專業資源的幫助之下,常常血本無歸,以失敗告終。而且累死有份,來到永達,看似就業,其實是內部創業的概念,

有了這樣的機會，誰還會想要攢一點錢去開一家小店，承擔更大的經營風險？

知識寶庫的智者

面對資訊龐大，重視趨勢，學習知識可以變現的時代，保險顧問不免也會知識焦慮，對此，我建議，汲取有用的資訊即可，重點是篩選。

以永達平台來說，擁有一個 BIG Data，提供所有需要的人來自取。保險顧問應該是「知識寶庫的智者」，客戶則是受益者，而不論是管理、倉儲或知識的運用，就和本身的自主能力一樣，只取有用的、和眼前要用的、品質最好的。如果還是感到焦慮，那有可能是「不知道要如何應用」，就好比健康出現問題，就去找醫生，不要自己當醫生，也不用每一科都懂，術業有專攻，找對醫生解決問題，遠比自身胡亂猜測憂慮要有建設性。同樣的，永達平台提供豐富的專業知識，提供應用指導和支援，足以消弭就業者的知識焦慮。

有了專業知識，更需要指導與運用，在永達平台，這是具體的實務練習。不同於很多企業只給員工口令，甚至排斥員工具備思考能力，永達平台強調「思考能力」，教導思考邏輯，激勵發想與創意，培養整合資源的能力，有了這些能力，在實務執行的過程，也同時擁有了自主的能力。

很多人會說，等我有錢了，我就要如何又如何？與其空有一大堆幻想，不如現在就來練習！換言之，學習怎麼賺錢，才有機會真正實現「有錢」，學習怎麼花錢，等到真正擁有一百萬時，才會知道如何正確的用錢。這就是我提倡的，每一個年齡階段，都應該具有發想能力，並且規劃眼前和未來，沒有發想能力，加上沒有體能和動能，也沒有培養興趣，最後就會形成無用人生。

人要好好使用自己的身體，就像一部車，一台電腦，不使用，就不會發現本身有那些問題，健康很重要，應該及早管理，把永達平台上學到的專業知識，套用在個人生活的時間管理，這樣的精神不只是經營事業，更是經營人生。

科學實證，人的腦子一旦停止思考，身體機能也會

隨之下降，所以俗諺「活到老，學到老」，目的就在於延緩老化。人生的價值就在於學習，不論哪一年齡階段，都應該保有「熱愛」的精神指標。設立一個可以達成的目標，並且努力去實現，設立目標的同時，就要建立足以實現目標的能力，並且養成習慣，內化成本能，這不僅是保險顧問在為他人規劃資產配置的職業選擇，也是規劃他人和自己的未來人生。

細節決定成敗

由於永達平台的定位不同，很多人以為，一進來「就有」高資產客戶，其實更多是從陌生開發做起。

我的第一位陌生開發的客戶，是寫了三年明信片才取得約見的機會，最後締結高額保單。客戶有九成都是女性或夫妻，男性客戶也是客戶轉介紹居多。或許是重視細節的個性，我的外表常給人「存在感十足」的刻板印象，因此，與客戶第一次約見，我必須做到「完全不具侵略性」，這就是「定錨效應」，也就是讓現在的印象（起點），成為決策（締結）的基礎。

第一印象絕對重要。在約見之前，可能會通過很多次電話，要在每一次通話蒐集客戶的喜好，品味，投其所好，是建立好印象的開始。舉例來說，客戶是女性，衣著上要選擇沒有攻擊性的顏色，當然要對色彩學有基本的認識，不要過於突顯自己，假如客戶穿著時髦，在打扮上就要有匹配性，不能過於樸素，這些都是拉近彼此距離的小巧思。

　　用心思，和用心機，兩者有極大的差異。例如我在世界各地旅遊會寫明信片給陌生開發的客人，是為了提醒客戶我的存在，目標還是約見、成交，除此之外，沒有參雜其他的想法。例如我去和科技業人士約見，就會注意手邊的3C工具，要用最新的，最好是客戶公司生產的商品，這就是我重視的「用心思」，從細節中創造更多的共同話題。

　　想要促成高額保單，必須快速了解客戶的需求，我認為，有幾件事情很重要，第一是讓有成就的人，在我身上看到過去努力的模樣，這就是所謂的「共感效應」。日本超人氣演說家松本幸夫認為，一個會問話的人，可以主導談話方向，問話能力就是解決問題的能力。

好的提問，可以促進彼此的關係，我的建議是「貴人學的問話方式」，例如：您當時是如何成功的，讓我也有機會往成功的方向學習。問話要精確，虛心向人求教，就要有「虛心」的模樣，態度絕對要誠懇，成功人士看過太多虛偽的人，千萬不要耍心機。

　　第二是讓客戶看到明顯的成長和進步，包括語言結構和內容。說話是為了展現溝通能力，很多人學了很多專業知識和技巧，但是一開口就敗了，那就是練習不夠，表達能力不足，要記住，每一次約見都很重要，必須準備好語言帶出門。

　　舉例來說，拜訪一位客戶，每一次都要讓客戶看見不同的成長，第一次拜訪說：董事長，請問您有稅務需求？您有家族資產傳承的問題？第二次說：關於遺贈稅法第十六條第六款提到免計入遺產……，第三次談到升息問題，對於資產價值會有相關變化，第四次談到我的規劃，可以帶給您的絕對效應，諸如此類，每一次都要讓客戶看到「我明顯的進步和表達能力」，並且一次比一次好，談話內容越來越接近核心，過程穩健踏實，充滿自信，無須炫技，也能得到預期的結果。

一個保險業小白，第一次約見客戶，通常主管都會陪同，再針對客戶的需求做出方案設計，等到業務熟練了，達到 MDRT 會員之後，甚至可以從客戶的對話中，或是轉介紹人的訊息中，得知相關資訊，就可以開始設計方案，這是更高層次的能力。

　　雖然說不要太突顯個人色彩，但是在眾多的保險同業中，要如何「被客戶記住」，並且信賴，我認為很重要的是，個人品味。想要經營高資產族群，必須對生活品味有所涉獵，由於品味展現社會地位，會有一定的門檻，有時候不免省略這項投資，了解精品，並非追求奢華的花費，而是進入圈子的門票。

　　對於努力讓自己更好的人、事、物，我都認同。無論賺錢，花錢，都需要學習正確的觀念。管理外在形象，不只是衣著，體態也很重要，休閒而專業，是現代富人的集體表徵，從賈伯斯、馬斯克、佐伯克，都是這樣的衣著風格。了解客戶的喜好，創造共同話題，也算是服務的一環，從另一角度來看，也是自我提升的一環。

值得信賴的保險管家

保險從業人員常被高資產族群視為是保險管家，我認為可以分成兩個層面來看，經紀，常見的有藝術經紀，藝人經紀，畫廊經紀，是經紀這個人，或是這個物件，都要有相對的眼光，要有專業素養。保險經紀的要點，第一，我必須擁有識別保險商品的專業眼光，第二，對未來使用者（客戶）產生的效益有多大？第三、保險商品在我的組合規劃之下，做成更好的品牌，是否建立在客戶心目中無法取代的地位？

管家，其定義是「知其所以，並且代替去執行」，在歐洲已有百年歷史，在亞洲地區算是新概念，中國在封建時代的達官顯要也有管家一職，換到現代，最接近的職稱，應該是專業經理人。管家要預先做好所有管理，好比是顯赫家族裡的執行長。

現代家庭的執行長任務，多半由董娘擔任，尤其資產配置，更不假他人之手。被視為「管家」的保險經紀人，除了提供各種專業的管理方案，也是生活資訊的提供者，這就是管家式服務。總結來說，就是比客戶想得多，提

供更多的服務，核心價值就是樂於分享，樂於被需要。

有時是基於情誼提供服務，隨著客戶對服務產生依賴，家中大小事務，都願意和「專業保險管家」分享，提高生活品味，其實就是提升管家的職能，因為品味好，細心又體貼，客戶的依賴度也就越高。

當客戶將保險經紀轉換成「專業保險管家」時，又該如何消化工作伴隨而來的瑣碎感？我認為，成就感建立在自我心態的轉換，當客戶大小事情都要委任我，肯定我的服務，甚或是幫我介紹更多客戶，在情感上，已經認同彼此是朋友關係了！

管理和經營，不只是用在事業發展，也要用在自我身上，我最期待的，是讓客人看見我很努力，很重視細節，重視對方，重視自己，讓別人看見，我就是一個品牌。

| 不懼改變 值得更好 |

開發客戶的第一步,就是幫自己「打廣告」,想要和一個陌生人拉近距離,首先要做自我介紹,而不是被動的等待,引起別人的好奇,從而促成得到認同的機會。人和人之間都會有戒心。

因此外表先決定了成敗,表現有禮貌,有品味,有風格,讓對方記住的點,介紹自己的特色,必須具有和他人的共通性,例如:喜歡美食、喜歡學習運動、健身,釋放「我是好相處的人」,與人產生友善連結的訊號,用積極開朗的態度,正向的氣質,讓對方產生認同感。

適當的時機,可以邀請對方來辦公室參觀,我常說,永達是一個人際交流的訓練所,對外,歡迎各行各業的人來了解,對內,有成績優秀的人提供諮詢和解答,從內部的交流經驗,延伸對外的人際互動,對年輕人來說,團隊夠大,人才夠多,系統化學習,既是團隊互助,也是優質社會的結構縮影。

人人都希望工作生活兩平衡，實際能夠兼顧的人不多，在我的團隊裡就有這樣的例子，夥伴中有一對親姊妹，原本獨立創業，收入頗豐，然而好生意也占用大部分的時間，正所謂「時間就是金錢」，用時間來賺錢是多數人的認知，在永達，我們更重視「金錢難買寸光陰」的意義。

這對賀氏姊妹擁有優秀學歷，拚搏事業企圖心，來到永達之後，不僅收入提高，一年內也有時間帶爸媽出國幾次，並且有更多的時間去思考，學習，拓展專業知識，以往不擅與人交流的性格，來到永達，和許多人有共同話題，相近的價值觀，我感謝她們的信任與共事。

因此交到許多志同道合的好朋友，團隊成績也非常亮眼，是典型用事業空間來換取時間的模範。這對姊妹不僅實現財富自由，也有更多時間陪伴家人，從喜愛獨處到熱愛群體生活，是認識自我也實現自我的過程。

一個人長期處於正能量職場，身心也會被正能量所充滿，在永達，沒有職場的傾軋，不會有上下屬的對立和競爭，是給所有人重新平衡事業與家庭的機會，身為團隊長，我是領導者，夥伴們同時也給予我學習的機會，

在此呼籲所有對現況感到厭倦的人，如果不滿意職場，不滿意薪水，對人生充滿抱怨，為何不改變？

　　順應趨勢，擁抱 AI，給自己一個改變生活方式的機會！

劉凱妍

成功在我 盡其所能 發揮長才

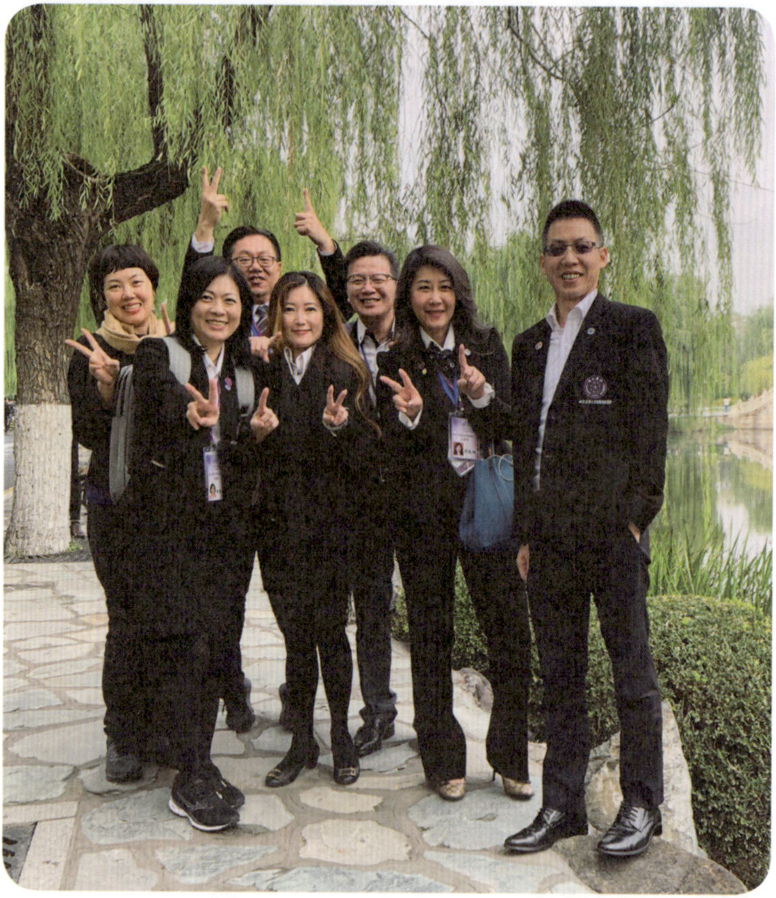

83

| 劉凱妍 |
成功在我 盡其所能 發揮長才

點石成金　極望成林

石文仁

現　任
- 業務副總

保險年資
- 十七年

得獎紀錄
- 美國 MDRT 百萬圓桌終身會員（十七屆，一屆 COT）
- 中國之星 CMF 傑出業務員銀星獎（八屆）
- 業績大賽中國之星 CMF 優秀主管組銀星獎
- 2022～2023 業績大賽處級組第一名二連霸
- 2022 業績大賽個人最佳成就獎
- 2023 榮獲第二十五屆保險信望愛最佳通訊處
- 2023 年有 26 位夥伴達標 MDRT
- 2023 個人十七屆 MDRT 蟬聯（其中一屆 COT）

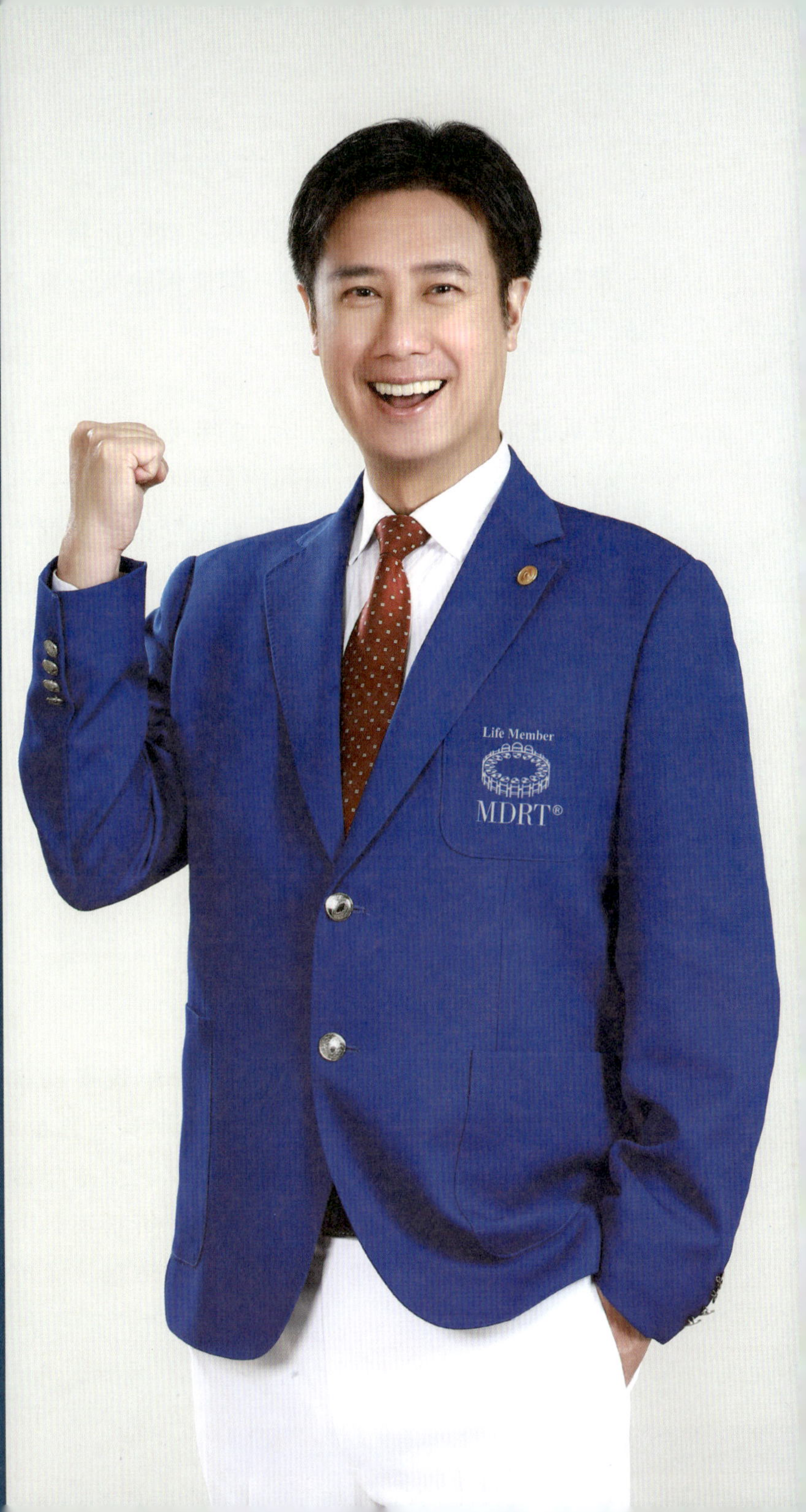
Life Member
MDRT®

如果把人生成就分為三個階段，突破自我、自我實現、帶領別人實現，對我來說，選擇保險業，真正落實了這三項目標。

從具體事蹟來說，包括2016年完成MDRT終身會員，2019年成立通訊處，順利招募願意突破的夥伴，穩紮穩打一步一步做好培訓，晉升處主管第四年就攻上處級組第一名，2022年更是永達收入最高的業務主管，2023年晉升業務副總，這些成績不僅是我個人努力而來，更是團隊夥伴共同創造的事業發展，我想把個人的成功經驗，藉由明確的技術養成和策略企劃，在團隊裡複製下去，讓更多人翻轉人生，達標所願。

記取每次的成長

自2006年進入保險業，大環境每隔幾年就會發生重大金融危機，不論是金融海嘯、新冠肺炎，甚至2023年瑞士信貸啟動的倒閉潮，至今十七年的保險年資，已經練就「敵動，我不動」的強大信心，所謂不動，其實就是心定，面對任何問題，都不能自亂陣腳，才可以化

危機變轉機。若問我，這種強大的信心來自哪裡？除了十七年累積的市場嗅覺，更應該歸功於新人階段，在幾位長官的引導下，奠定了紮實的基本功夫。

猶記得第一次下市場與客戶進行訪談，地點是在基隆，由於當日有大型戰鬥營，其實主管們體力都是很透支，但淑儀處經理在活動結束之後，還是前來支援我，訪談結束，回程已經接近半夜，淑儀處經理提醒，別忘了要把今日的訪談報告交上來。

這份報告，我是當天熬夜寫到凌晨三點半，並在八點半以前放到主管的桌上。

也許有人會問，熬夜寫報告，可不可以打點折扣晚點交？對我而言，這是即時回應主管協助的最佳方式，主管的每一次提點，都是驅使我向前進步的具體推力。

何謂工作態度？那就是每一個步驟都不能省略，例如文進處經理要求每周四要打電話給五位目標客戶約周六講座，不論新人的內心有多抗拒或遲疑，都必須確實執行，這種嚴謹的工作態度，同樣也在思綺前輩對我的提點上看到。

某日和思綺前輩一起去簽收保單，已經在路上，她問起有沒有帶「數字稿」（這是用來驗證保單內容和當初提案是完全相符）。一聽到我沒有帶，立刻指導先跟客戶延後二十分鐘見面，重回辦公室，把數字稿完成再出發，因為這是一份承諾我們比誰都重視。

對新人來說，這些看似可以便宜行事的細節，其實才是穩健的基本功；唯有自律，才有自由，這是主管和前輩教會我的工作態度和高執行力，也讓我在日後印證所學一切，都受用無窮。

即使在證券業是主管職，當我轉到保險經紀人公司之後，我還是要花很多時間學習各種專業知識，經過一段時日的培訓，自認專業知識俱足，出門去談客戶，應該是水到渠成，其實不然，初期被拒絕的機率卻相對很高。有時和客戶聊得投緣，但是始終沒有簽下保單，對此，我非常挫敗，但不同的是，我非常願意找人除錯，富民處經理明確地說，必須主動要求客戶下決定，絕不可以聊開了就忘了締結。這也才讓我意識到，原來每次拜訪，都是為締結而生。

在幾位卓越且落地的主管和前輩的提點之下，我很

快就養成自律的習慣,每天一早就到辦公室來,然而,不論我幾點到,大主管陳月碧協理總已經在辦公室聽錄音檔,她總是全程參加早會,總是坐好坐滿,碧總坐鎮整場的身影,帶給我深刻的啟發,所謂領航者,其專注且自律的工作態度就是團隊模範與標竿。

很多人會問,我是如何「定義」自己保險經紀從業人員的角色?我會說,專業知識的供應者,資產配置的設計者,財富傳承的規劃者,財商法商的整合者,應對客戶的每一種需求,我都能提供完善的服務,既是顧問,也同時能當參謀。我認為,一個保險從業人員,無論自詡是業務員、顧問,會從談論的語言、觀點上看出不同,是顧問性質的人,或是幫客戶考量得更周到的人,這就跨越銷售定位,晉升到更高階的服務範疇,也需要相對應的專業能力和實戰經驗來支撐。

而奠定這份專業與自信,則來自平台持續提供的養分,永達擁有高比例的 MDRT 講師群,永達人擅長需求分析,更高階則是創造需求,每一次市場危機到來時,必須有能力分析市場問題與建議避險方法,在大環境陷入經濟危機時,保險規劃反而是安身立命之道,更能彰顯財富保全的功能。

每每在經濟危機的衝擊之下，還能維持好的銷售能力，除了紮實的專業知識，更需要優質學習力和自省能力，我個人的經驗是，把 MDRT 視為個人對抗低潮的解方，在大環境不好的時候，不僅要面對，甚至超越，因為困難猶如砂礫，正是淬鍊珍珠的必要過程。

　　尤其在服務客戶的過程，業務員必須擁有許多專業知識，包含對稅務的理解，對各種金融工具的掌握，對客戶需求的剖析，對市場的解讀都是應用「經驗＋邏輯＋判讀＋行動＋反饋除錯」，所以保險從業人員是否需要更華麗的「頭銜」，我認為，玫瑰換了名字，香氣也不會消失，這是我對專業服務的認知。

目標市場 決定戰場

很多人形容，保險事業靠的是辛勤服務，我則認為，想要永續發展保險事業，身心平衡很重要。也許有人會問，在銀行業、證券業都可以做保險銷售，永達究竟有何吸引我的魅力，非去不可？

我的回答是，在保險業做保險，自主性高，不必為了公司的KPI而做，身心的平衡感更好，加上永達的市場定位不同，是以高產值來獲取更好的收入，靠專業來達成更好的業績質量，是更能發揮個人專長與團隊凝聚力的平台。

MDRT被視為保險業的最高榮譽，同時也是高收入的表徵，在永達，MDRT達標，被視為「穩定的製程」，不同於傳統保險公司營業處之間的涇渭分明，永達平台則屬於學習型的團隊，增員的第一步，就是了解對方是否對學習感到興趣？對於事業成就是否有企圖心？因為學習不是易事，必須有興趣，才有可能持續。

惰性是人的天性，一個可造之材，也許本來對上課

沒興趣，看到大家都來參與，慢慢就被同化了，永達平台可以學習專業，可以啟動銷售，願意改變固有的行為，有些人是來了之後才被啟發，知道訓練是有幫助的，有些人是被同儕的努力所鼓舞，紮實的學習和訓練，可以將我的努力轉換專業技術，可預見發揮成效的未來，這一刻，努力就更具實質意義。

任何人進到新的產業，都希望了解未來的職業生涯發展，一個被招募者，會希望主管清楚地告訴他可行性，有明確的路徑，才會產生安全感。舉例來說，有人賣2萬4的醫療險，有人賣24萬的儲蓄養老險，有人做240萬的人身暨稅務風險規劃，從2萬4到240萬，絕非一朝一夕可以達成，正因為有難度，永達更重視專業養成的過程，不僅給足夠的時間和客戶培養關係（一般金融業很難），也給足夠的技能和必要的協助去促成締結。

永達就像是一個全科大學，教專業更教業務技能，透過活動、講座、成功案例分享，在這裡可以修到各種總經、法商、財稅、人文的學分，不但可以主修，還可以旁聽，並且不必付學費，還配備資深前輩給予指導，每一位處主管都各自有專業強項，在不同領域取得卓越戰績，彼此之間又可以共享資訊，如此豐厚的學習資源，

目的就在於培養優秀的保險經紀從業人員，提供客戶更好的建議與解決方案。

傳統保險業是師徒制，但是「師父會的，我不一定會，師父不會的徒兒肯定不會」，永達平台的特色是，單位裡面的講師是不同背景的專業人士，更是經驗豐沛的業務戰將，用平台的專業來協助個人，可以分工，可以借力，大家各顯神通。

舉例來說，當醫師發生醫療糾紛面臨被求償，有些人的第一想法是脫產，但是真正能降低風險的工具，其實是法律工具。合法信託則更有資產保護力，用正確的工具，更能保護資產的安全，所以成為一位全方位的規劃人員，用工具當解決方案，這絕非傳統的商品銷售可以帶給客戶的。

永達強調合署文化的戰力整合，一起創建平台，也分享平台，比的不是個人有多強，而是有多會使用平台資源，在永達，從來不需要證明自己有多少能耐，畢竟個人的能力，遠不及群體的能力，凝聚團隊夥伴的友善交流，更能發揮團結力量大的絕佳優勢，作團隊，絕對需要平台。

在眾多專業知識的學習過程，培養市場敏銳度，更是不可或缺的要件，舉例來說，2022年股市一片榮景，投資人紛紛看好，但是很多總經的觀點讓我有很高的戒心，後來行情果真出現大幅回檔，這是我對市場的敏感度，在永達我學會用利率、匯率、稅率和總經觀點看行情。

由於各類資訊取得更快速，我對大環境各項稅法改變也更具敏感度，在客戶「遇到之前」，先替客戶「預先規劃」，這也是我和客戶對話的有力資本。

這裡談的敏銳度，並非與生俱來的天份，而是需要收集大量資訊，彙整分析之後才可以做出判斷，好比面對一件事情，年輕時可以用三個面向來看，現在則可以用十個面向來看，並且看得更透徹，這是長期學習及實務累積的經驗，一項技能學會了，還需要不斷的練習，實際操作，最後才能出類拔萃。

在進入保險業之前，我在證券業也有所歷練，加總起來，有二十幾年的工作資歷，正因為如此，前面已經累積90%的功力了，遇到新的事物，只要再學10%就可以達到高分，相反的，初學者只知道10%，還要補

90%，所以會顯得吃力。這就是大量學習大量累積的報酬，要讓您的知識和資訊落地，比的就是有沒有持續學習，持續下市場。

有信念，無堅不摧

遇到問題，先做自我反省，這是我的人格特質。好比2008年發生金融海嘯，外面（市場）很混亂，裡面（同業）很惶恐，當時我的作法是，先發一封信給客戶，附上法條和剪報說明台灣的保險制度有層層管控，資產得以穩健累積，請客戶放心。

寫信給客戶的意義，是在客戶發出質疑之前，先做說明，這是危機處理的第一步驟，可有效降低後續客戶帶來的情緒波動。

在雷曼事件之後，某天接到客戶H先生打來電話詢問我提供的保險公司安全性的資訊，要求我去會面說明，相較於客戶跟其他同業買的額度，我的保單規劃是最低的，但我卻是唯一出面向客戶主動說明的業務員，也正

因為這次的說明，H 先生的認知保險是在不好的時候才會用到，但真的不好的時候，業務員都不敢面對，只有我堅守崗位回應需求，他在我身上找到他當年的勇氣，不打不相識，H 先生後續並幫我轉介紹其他客戶，這個機緣也促使我突破金融海嘯困境，並達標該年 MDRT。

有人問我，勇氣哪裡來的？其實 2008 年，我才入行 2 年，如何建立這麼大的勇氣，去面對客戶？我只是遵循主管教我的理念，那就是「你要做你該做的事」，這一路走來，我就是靠著這樣的理念，達到 MDRT 終身會員，拿到最高榮譽，依循初衷，不省略任何該進行的步驟。

我的心態很簡單，按表操課，每天在甚麼時間該做什麼事，每件事情都是落實完成不跳過。至今也是每天進公司，參加早會、和組員溝通，把業務心得回饋給單位，所有的心力就是在服務組員，把銷售技能落實在組員身上，帶頭作，作領頭羊。

我常說「有信念，無堅不摧」，意思就是，光有意志力，還不足以成事，有了正確的信念，面對任何難題，都會迎刃而解。

2009年經由客戶轉介紹，我認識了P小姐，由於P小姐熱心助人的個性，不僅做了大額保單規劃，還轉介紹下游廠商T女士，本身是企業主的T女士，又幫我介紹了家族成員，陸續做了穩健累積資產和資產傳承規劃，我越來越了解當專業加信任，才是能走得更遠的要件。

金融海嘯期間，連續三年，得到H先生，P小姐，T姐及其家族的信任與支持，更強化了我的從業信念，那就是，任何時間，持續做你該做的事！

保險是分散風險的工具，保險從業人員的執業風險會在哪裡？最直接的衝擊就是大環境因素，例如我剛入行時遇到金融海嘯、當我成立營業處時，又遇到了新冠疫情，大環境看起來都很不利，但我的團隊卻在疫情時期，業績不降反增，甚至達到倍數成長，這不僅要歸功對市場的敏感度，還要能快速回應市場變化，得以在最壞的時刻，也不忘做最好的準備。

2022年新冠疫情籠罩全台，政府公告為期十周的三級警戒，周日發布消息，周一下午，我就向團隊夥伴發出「線上早會」的邀請，把舉凡保險業務有關的基礎課程，從頭教起，早上講課，下午討論，透過大量討論，

把實務架構建立起來。

「線上早會」到了第九、十周，就由中階主管來講課，十周的三級警戒，我的團隊不僅做好培訓，也經由電話實戰演練和客戶進行溝通，三級警戒解除，就是與客戶簽約的最佳時機，換言之，當同業都還在休養生息之際，我的團隊夥伴都已經鍛練好了！

個人要想成功，除了自律，更要在危急時刻懂得做好應變，隨時做好迎接挑戰的準備，持續學習，提升專業實力，就能化危機為轉機。

保險這個行業的特性，是必須了解人，了解客戶對家庭的責任，資產配置與財務結構，因此，我認為保險是一項強大的解決方案，保險從業人員賣的不是一份保單，而是與客戶交換彼此的人生體驗。

轉型決定

對許多同業來說，MDRT 是榮譽，也是收入的象徵，對終身會員來說，則是一種精神意象的突破，甚至是自我實現的指標，是全人生活的體現，是身心靈的平衡。

當我認知到成功來自他人的協助，自然也願意去幫忙他人，MDRT 的精神是分享，同時也是永達的企業文化，身為團隊長，除了給團隊必要的方向感、裝備，因應不同的客戶族群，需要帶的裝備不同，對應到客戶的需求。透過交流相互提攜，夥伴同行，團隊具有向心力，即使前路難行，也不會感到孤單。

成立營業處之後，我也為自己立下五項任務指標，包含 be a giver：做一個給予者，意思就是實踐 MDRT 的分享精神。be a farmer：自比和農夫一樣，辛勤耕耘，依照季節時序做該做的事情，提供團隊最好的養分。be a founder：身為打造基礎的創建者，團隊成員的訓練要確實，並在沿路提供持續的支持。be a leader：承擔責任的藍圖擘畫者，不僅要如實地做到策略指引，每一件事情都嚴謹看待，成為團隊夥伴的模範與表率。be a listener：先聆聽夥伴意見與建議，再依據夥伴們統合的意見來做策略規劃，決定單位後續要執行的業務目標。

這五項任務指標，也是身為團隊長的實務經驗得來，個人的成功經驗雖然可以複製，但未必人人適合，最好的方法，應該是「因材施教」，將每位夥伴的強項放大，既是單兵也是精兵，不僅能作戰，更能發揮所長，發揮綜效。

造橋鋪路

在2016年拿到MDRT終身會員之後，我認為個人的階段目標已經達成，接下來就是發展組織，成立營業處以來，我的團隊已經取得各項輝煌戰績，包括2022-2023處級組冠軍二連霸，2022最佳成就獎，2023榮獲第25屆保險信望愛最佳通訊處，2023年有26位夥伴達標MDRT，而我個人是17屆MDRT蟬聯（其中一屆COT），所有榮耀都要歸功於團隊，歸功於平台，未來也希望繼續傳承寶貴的經驗，為永達這個金融學院，規劃師的深造地，創造更多MDRT榮耀，成為專業團隊長的

產出團隊。

我常說,自律的定義,就是甚麼時間做甚麼事,不要因為業績的高低,而荒廢或忽略了學習的重要性,即使我是團隊領導,也從來沒有離開市場,我仍在服務客戶,帶頭將專業落地,自豪地說,17屆MDRT榮譽,讓我在授課更接地氣,理論實務兼具,還可以用業務員的語言溝通,這些充滿實戰經驗的培訓,這些整合起來的營銷技術,也讓團隊夥伴面對客戶時,顯得更有底氣。

成功的人一定自律,這句話無庸置疑,好的工作習慣,絕對是成功的第一步驟。我把學習心得慢慢地整合,全數模組化,就好比澆灌成功的養分給團隊成員,也是循序漸進地給,就像農作物施肥,在不同的成長階段,所使用的肥料也不同。根據每個人的學習進程必須分階段,懂得學習的邏輯,就能幫夥伴們安排路徑,團隊長就像是引路人,我們提著燈引領夥伴往前走,而不是放任他們自己摸索。

不僅於此,團隊領導必須提供明確的路徑,包括這個季度要完成哪些目標,每月要完成哪些事,帶領夥伴們走到哪裡,攜帶哪些裝備,哪些工具,都必須向夥伴

們清楚表達。我相信，任何一個新人都需要知道，目標很重要，路上要準備甚麼也很重要，方向確定了，裝備充足，才可以避免路上橫生枝節，阻礙前進的速度。

我是一個重視邏輯和流程的人，在招募時，會清楚地告知，未來三個月要做哪些功課，可以達到甚麼樣的目標，接下去的季度要進行哪些事，首先把眼前的作業學好，接下來選擇會更多，清楚路徑、清楚目標、裝備充足，這就是前往 MDRT 的明確路徑。

當目標明確，裝備齊全，接下來運行的方式，就是三件事，客戶、技術、營銷，這是點石團隊銷售的三項核心動能。

舉例來說，業務員和客戶對話，需要技術和專業，然而，再好的技術，也不一定成交，影響成交的原因很多，也許節奏太快或太慢，溫度和進度，都需要明確的流程管控，必須攻守有序，才能拿下案子。而如何管控進度，就是營銷。

實務操作則更具體，好比我們辦一場稅務講座，業務員可以約客戶來聽，想像一下情境是這樣的，「業務

員接下來會問客戶,課程如何,是否有進一步的需求?」這時客戶通常會回答:「有需要再跟你說」。好不容易約了高質量的客戶來聽講座,但無法繼續往前走,這就是最常見營銷的困境。

那麼要如何進入更好的營銷情境?另一種設計是,我們辦一場VIP稅務講座,先擬好客戶最想知道的十個題目,再提供客戶勾選,「業務員問客戶,有哪一個問題,是您特別想了解的」,從問答題到選擇題,從開放式到封閉式,促成延伸溝通的機會。

這兩者的差別就是,相對於業務員問客戶問題,問到客戶都煩了,我的做法是,給選擇題,客戶只要勾選就好,客戶勾選的問題,也是我們可以提供服務的機會,營銷的流程,為了提供業務員更好的協助,列舉的問題,就是與客戶的溝通的工具。

換一個情境來說,假如業務員銷售醫療險,但是客戶有傳承的需求,想問具有傳承專業的人,所以要在適當的時機,讓客戶知道,我也有傳承相關的專業知識,套句流行語來說,是時候表演真正的技術了。俗話說,機會是留給有準備的人,想要隨時拿出真正的技術,也

就是隨時都要累積各項專業。

開發客戶，以往都是用客戶找議題，現在則是用議題找客戶，以前是個人營銷為主，希望甲高資產客戶延伸到乙高資產客戶，轉介紹可能會遇到的問題，就是我對乙高資產客戶的背景了解不多，需要花很多時間尋找可以切入的重點，現在則是開各種議題的課程，從朋友圈傳播這些課程，吸引有興趣的人來聽，這些聽眾，往往也是相關的目標客戶。

很多人並不瞭解中華民國不動產的繼承細則，可能會發生財產無法登記，最後收歸國有的問題，加上稅法經常修改，很多有這類需求的人，就是不動產議題課程的目標聽眾，來聽的人會發問，談論的內容產生更多交集，這也是業務員發揮專長的切入點，可以更聚焦的回答客戶的問題，提供服務的同時，也促成締結的機會。

用議題來找客戶，就不免會被問到，要如何在「短時間內」獲得客戶的信任，從而切入重點促成締結的契機？我認為，客戶為議題而來，表示有需求，可以快速由需求到解決方案。用議題找客戶，用講座進行開發，

可以達到三個優點：一對多、講師的位階、客戶的真實需求。

從實務面來看，我是講師，客戶有問題，我可以就問題來做回答，並把銷售氛圍降到最低，更重要的是，藉由課程形塑「我的保單不是商品，是一個解決方案」的明確定位。

在與客戶的訪談中，會先說明工具的屬性，如何應用，在客戶知道之前，成為第一個資訊提供者，客戶的信賴感也會自然產生。知識就是力量，當我懂得越多，懂得使用工具來分散風險，就更具備專業能力，越能幫客戶做風險移轉。

從人身風險到資產風險，不同的人會發生不同的問題，也會有不同的需求，保險的樣貌也更為多元，結合法律、安養信託等，可以相對地保護老有所終，幼有所養，保險的功能發揮至此，身為保險從業人員，就不負使命，並且獲得滿滿成就感。

每一個團隊都需要各有專精的業務員，也要有敢定策略的團隊長，為了解決業務員帶回來的各種問題，團

隊長也必須保持對市場的敏感度,最好的做法就是不要離開市場,這也是碧總和富民總以身作則,傳承給我團隊守則,帶頭做,接地氣,累積足以在第一時間回應客戶問題的資訊。其次是讓管顧專業組織化,將資訊資源放入組織,提供所有夥伴們提取學習,夥伴的成長更能加速。

短時間學會一堂課的內容,對新人來說,有一定的困難度,因此要把內容拆解模組化,例如有人要學不動產的課程,第一堂課先教專有名詞,第二堂課是不同的稅負和稅制,第三堂課是談不動產買賣,第四堂課是贈與,第五堂課是繼承,重點就在於買賣、贈與、繼承的內容,有哪些保險可以介入的商機,當這些課程都懂了之後,學員們開始交流,把不動產相關的客戶、房仲、代書、銀行放款人員,都找來上課,目的就在於,專業我學會了,目標客戶也有了。

平台舉辦相關課程,邀請客戶來參加課程,一年中有不同的稅法在進行,三、四、五月和所得稅有關,六月是不動產類,保單稅法,第四季是遺贈稅,或海外資金,依照四季,和時事有關的議題來舉辦課程,業務員經過學習和訓練,就有能力和目標客戶展開對話,能對

接更有時效性的需求。

願景展望

2023年在各家保險經紀人公司的競爭下，榮獲第二十五屆保險信望愛最佳通訊處，面談時被問到想要拿獎項的動機，我認為團隊夥伴非常努力打拼，值得獎項的肯定，這份榮耀不僅屬於公司、團隊，更是榮耀夥伴們和曾經幫助過我的人的表徵。

回首前塵，當初離開證券業，主因是輪調制度，當時已經面臨第三次輪調，如果想獲得更高職銜，就必須從台北調到基隆，這也意味著，我工作很多年，不僅無法累積人脈和資源，對於未來的生涯規劃，也無法自主。每次輪調他處，不論居住問題、就學問題、交通問題，都必須重新適應，總而言之，我的職業生涯發展掌握在主管的手中，繼續留在證券業，我只能像許多前輩一樣，繼續過這裡三五年，然後到別處重新開始的人生，收入或許不錯，卻始終像是籠子裡的倉鼠，持續在原地打轉。

決定轉進保險業，最初的想法並不複雜，既然輪調也要重新開始，為何不乾脆轉業？來到永達，很快就看到不同以往的職業發展，我也從以往的業務銷售角色，轉換為保險顧問角色，不僅可以累積客戶資源，客戶還會轉介紹其他客戶，關係可長可久。不僅於此，我可以自主地，經由我的專業，依據客戶的需求，提供更完善的解決方案。更重要的是，我有時間學習，我有時間經營客戶，我有時間擁有全人生活。

或許仍有許多人對保險業抱持誤解，以為只賣醫療保障，或是風險自理的投資型保單，老實說，我當時並沒有太複雜的想法，進到永達才知道，原來要學習這麼多專業知識，加上我的本職學能，以及對大環境變化的敏感度高，兩相整合，還能幫客戶規劃更大資產範疇，在人生風險之外，建立退休養老的觀念，進階到客戶穩定的現金流，進階到保護客戶的資產，保險是可以確定的，可以預見未來的，發生風險時可以保障家人，真正的人生保險。

對我而言，保險經紀也不僅是工作，更是提高生活質量的良方，為了把工作做好，必須不斷學習，累積更多專業，開拓視野，無形中也豐富了人生體驗，在永達，

團隊重視專心工作，平衡生活，正所謂的人間值得，未來可期的美好境界。

常有人問我，這一路是否受到許多貴人的提攜？答案當然是肯定的。在專業能力上，我的貴人是每一位主管和前輩，在業績表現上，則是信任與支持我的每一位客戶，尤其在是關鍵時刻對我造成重大影響的兩位，第一位是金融海嘯時期的 H 先生，由於他的提點，更讓我確認，不論大環境好壞，我都必須信守我的承諾去服務客戶，堅持信念，機會就到我身邊了。第二位貴人，是在我管理團隊仍力有未逮的時候，教導我如何管理團隊的方法，對我的團隊發展給予極大的啟發的 T 姐。

換言之，在提供客戶服務的同時，我也在向客戶學習，第一位是啟發我對銷售的信念，第二位是指導我管理團隊的思維，讓我在工作上，得到更高層次的學習，站在客戶的肩膀上看，這是借力，得以看到更遼闊的視野。

由於本身是銷售起家，也更了解組員的需求，我想把好的銷售經驗放入系統，讓組員學習更有效率的方法，減少挫折經驗，擁有更高的成功機率。

我認為,貴人是在某一個時間啟發你的人,讓你到達另一個境界的人,倘若一個從年輕時期,就能藉由正確的選擇職涯,與各行各業的菁英交流,從而提升自己,這就是慎選職業的立足點,我選擇了永達,正因為得到貴人相助,我也想啟發別人,成為別人的貴人。

　　從結果論來看,我當年從證券業轉來保險業,可說絕對幸運!2008年發生雷曼風暴,證券業受到的衝擊更大,客戶的損失更難挽回;即使如此,以我兩年保險新人的資歷,遇到全球經濟大崩盤,還是受到史無前例的震撼,但是秉持「要做我該做的事情」的理念,既然客戶買了我的保單,不論金額大小,可能面對多大的責難,我也都要去服務,盡我所有能力去說明。

　　猶記得當時,H先生對我說,「在最壞的時候,都不會離開崗位的人,就值得信賴」,因此,轉介紹的客戶是該公司總經理,讓我突破金融海嘯的逆境,這個例子也更讓我堅定相信,不論面對何種考驗,都要堅守本分,做好該做的事!

　　從事保險經紀工作,成敗都必須用行動來證明,也就是,該拜訪就去拜訪,該跟客戶說明就去說明,該上

早會就上早會,這也是我對團隊成員的要求。在此之前,我的行事作風都必須成為榜樣,我是團隊領導,必須做出讓大家信服和敬佩的態度,同樣的,我的行事作風來自主管碧總的「身教」,她的行為模式也是我的模板,不論團隊規模多大,頭銜多顯赫,還是每天一早就進公司,把時間貢獻給團隊,讓大家起到「有樣學樣」的作用。

最後,我想對眾多貴人們,表達內心的感謝:謝謝董事長建立永達保險經紀人(股)公司,給予團隊夥伴各式資源和文化;謝謝碧總建立團隊,奠定領導模範;謝謝淑儀、文進、富民,謝謝各通訊處經理們的無私分享。此外,也要感謝幾位高手,當年的帶領人思綺、前期進入永達的培甄、第一位團隊組員昇哥、小光的加入,教學相長,合作愉快。後來的高手瓊琳、麗君、已經晉升業務協理的慕霞、淑萍,謝謝夥伴們願意相信和接受培訓,在這裡,我們將一起打造 MDRT 團隊,為更多人的未來,提供複製成功的機會。

> 有信念,無堅不摧
>
> 有計畫,心定不紊
>
> 有格局,追隨者眾

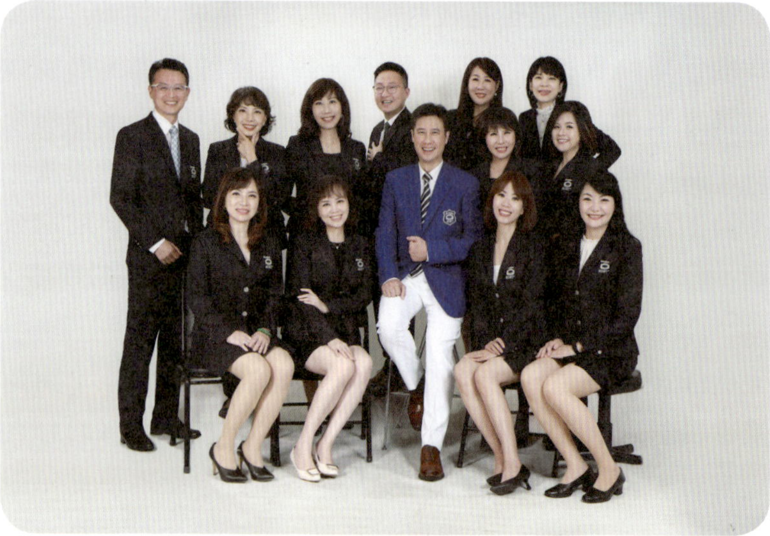

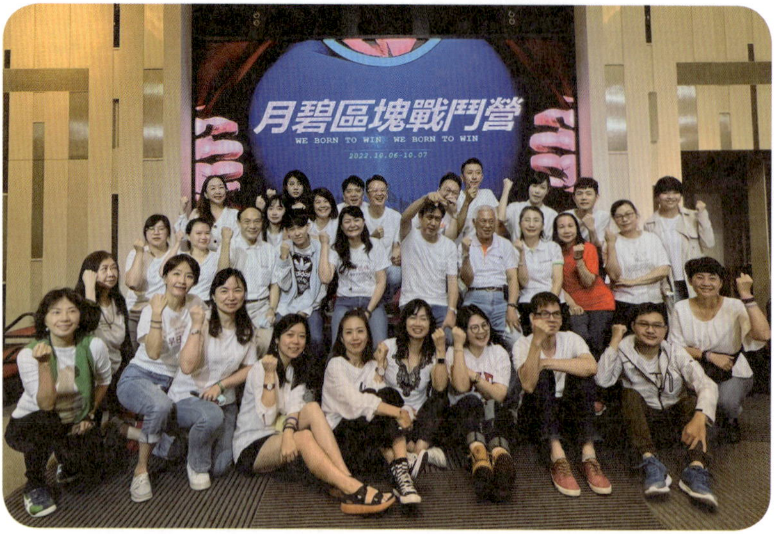
月碧區塊戰鬥營
WE BORN TO WIN WE BORN TO WIN
2022.10.06-10.07

石文仁
點石成金 極望成林

改變人生的保險路

方綵晴

經歷
- 高林貿易

現任
- 業務協理

保險年資
- 二十五年

得獎紀錄
- 2005～2024 完成十五屆 MDRT 終身會員資格
- IDA 主管組銅龍獎
- IDA 國際華人龍獎
- 連續四屆百萬菁英推手獎

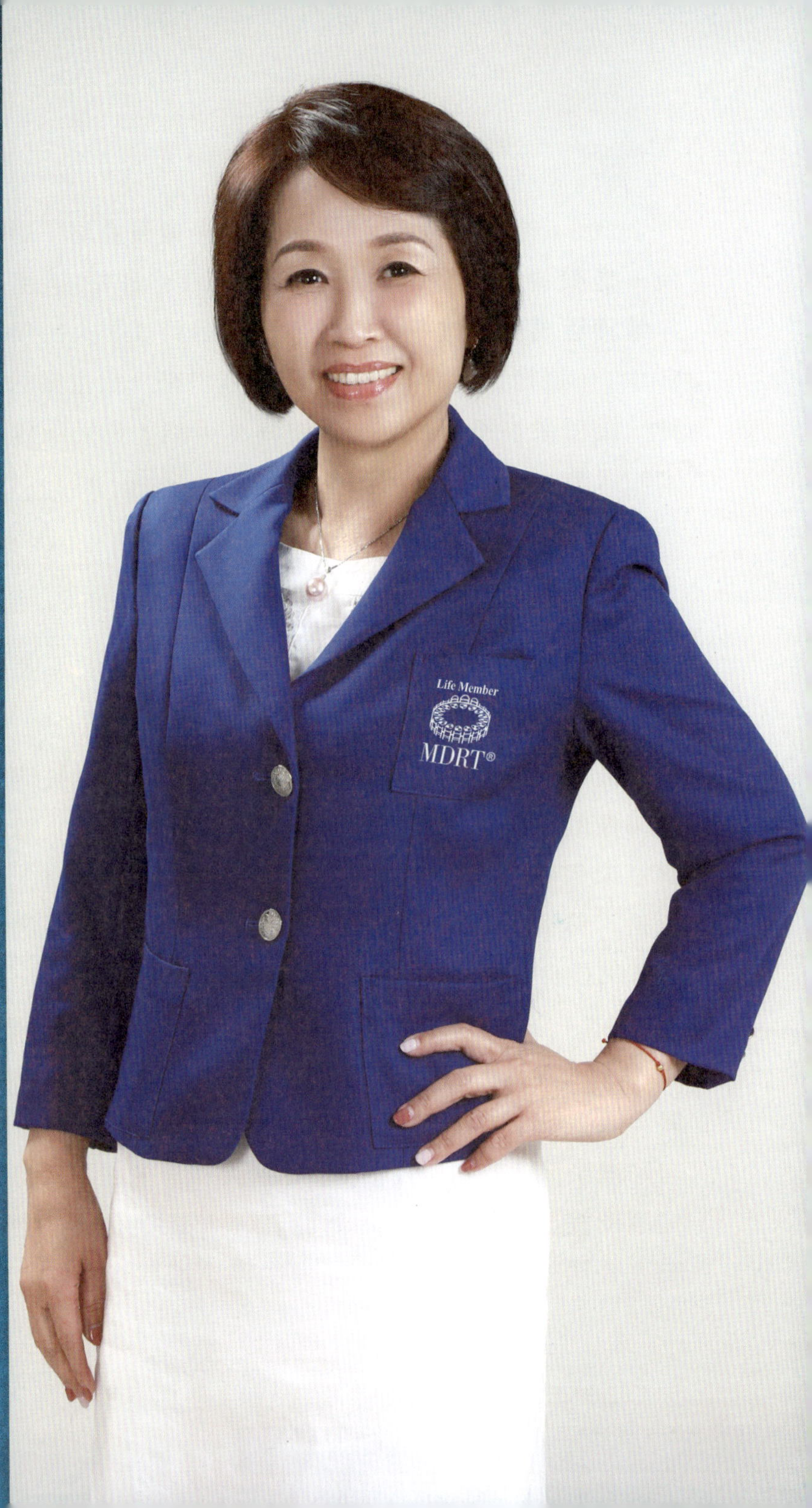
Life Member
MDRT®

2024年完成第15屆MDRT終身會員資格，對我來說，是榮譽，也是使命，尤其是2019-2023年連續四年榮獲百萬菁英推手獎，輔導直轄組員3-5人每年達成MDRT，這是2017年晉升業務協理以來，很重要的里程碑，這項榮譽不僅肯定了我的傳承策略，也是團隊向心力的表徵。

保險小白的奮鬥歷程

投入保險經紀人公司二十年，我還是常會被問，當初轉業的原因？雖然當時我在貿易界已是中階主管，但轉進來保險經紀人公司時，我還是「保險業小白」，究竟是「看中」保險經紀人公司的哪些職業發展優勢，膽敢貿然投身進來？

不可諱言，有業務經驗的人，想轉行，直覺就是挑戰高收入的行業，當時業界的朋友一聽說我要轉行，就有好幾家保險公司和我接洽；在選擇與思考的關鍵時刻，好朋友提出不同的觀點，她認為，未來壽險業一定是經紀人公司的時代，尤其我先生從事土地代書多年，負責

管理客戶的土地、房屋等不動產，人脈相當豐厚，與其到傳統保險公司做銷售，不如進入保險經紀人公司專注於風險管理規劃，結合先生現有的資源，可以從保險的角度來協助客戶做資產管理，豈不是相輔相成，為客戶提供更完善的服務。

朋友的這番剖析，也真的說服我了！於是在朋友的建議之下，我進入前一家保險經紀人公司，我的直屬主管也是我的保險「師父」，在保險職業生涯的啟蒙階段，提供我許多協助。

許多人擔心過去沒有保險業務銷售經驗，不敢貿然入行挑戰保險經紀行業，但我認為沒有經驗，也等於沒有包袱，反而更能坦然向他人開口請教，學習空間更為廣闊。小白進入保險經紀人公司，和傳統保險公司業務員轉型到保險經紀人公司，最大的差別就在於心態，從實務面來說，後者已經歷練過了，開發客戶不是問題，面對客戶拒絕也能泰然處之。小白則需要提高心理素質，克服被拒絕的挫敗感，耐心地學習各種相關專業，提升與客戶對話的能力，快速掌握其中的要訣。

在最初的保險經紀人公司，經過四年歷練，我渴望

吸收更多專業知識提升的環境，決定轉換更具規模的保險經紀人公司，當時永達在市場上已經小有名氣，和其他保險經紀人公司最大的區別，除了「定位不同」受到矚目，更建立「培訓平台制」，意思就是，團隊中的頂尖高手，都可以是我的師父，這種團體共同成長、共同學習的策略，也是我最終選擇進入永達的關鍵因素。

進入永達的初期，為了能增加拜訪量，我還是堅持過去做職域陌生開發的習慣，舉凡辦公大樓，公家單位、行政辦公室、地方法院，都去擺過攤位以及開辦講座，邀請大家來填寫問卷資料，不斷和陌生客戶聊天，這不僅是以往業務經驗練就的親和力，更是我與生俱來的人格特質。

記得有一次去地方法院擺攤位，推廣退休金規劃的重要，到了用餐時間，我看到一位年輕人（後來才知道原來他是法官）在自助餐前排隊，立刻主動上前邀請他填寫一份問卷，我跟他說，請用一分鐘幫忙把這份退休問卷填好。他也爽快答應。問卷是填好了，但是對年輕人的需求，退休規劃之路還是太遙遠了，當然後續也沒有話題繼續交流，沒想到緣分並沒有中斷，十多年後又因為客戶的法律諮詢需求，重新連上線。

由於客戶的官司比較敏感，我想諮詢一下法界人士，因此想起當年曾有一面之緣的年輕法官，於是到 FB 搜尋他的資訊，這才知道他已經離開法院，開辦了法律事務所，我就透過 FB 發訊息給他，先自我介紹，請問是否有機會見面？結果得到很友善的回應，這樣的機緣，其實起心動念，是為了協助客戶找到相關的法律諮詢。

　　都說時代不同，工具當然也不同，陌生職域開發的做法也有所不同，早期做陌生開發，很常選擇「掃街」，就是直接上門找店家，以前顧店的多半是老闆，現在多半是員工，開發客戶的重點，就在於想拿甚麼內容去跟客戶做連結。

　　例如想要開發工程師客戶，就會選擇找機會在科技公司辦企業講座，內容也聚焦與工程師所需要了解的財務規劃有關。也可以參加各種社團，喜歡咖啡就去參加咖啡課程，認識同好，從共同經驗衍生到生活分享，慢慢收集資訊，了解同好的保險需求，或是經由同好轉介紹客戶。總結來說，陌生開發，就是認識新朋友的過程，想結識很多樹木重點就只有走進森林，選擇挑戰自己喜歡或擅長的領域，想成功別無他法，必須勇敢走出去。

想專注經營高資產客戶，不免要進入各種商業聯誼會，早期的社團門檻很高，現在則有很多社團繳費就成為會員，有定期聚會聯誼活動，對累積人脈及增廣見聞有一定程度的助益，相對的進入社團的成員，通常也同樣抱持著業務拓展的目標，在互助互利的前提下，只要是正向、具有正能量的社團組織，都值得去認識去交流，開闊視野的同時，也累積更多人脈基礎。

另覓戰場的轉折

中年轉業，從決策者，變成行銷者，一開始我的父母很難理解，老一輩對保險產業的觀念，還是停留在「拉保險」，父母擔心我成天在外面奔波，不僅身體勞累，也擔心業績起伏，壓力過大，總而言之，在父母的眼中，從事保險業務就是體力活。直到父母親看見我如此投入，與父母分享 MDRT 的喜悅，這才相信，我是如此甘之如飴，並且從中得到自我實現的滿足。

來到永達的第一年，就完成 MDRT 的好成績，我又被好奇問到，僅有四年保險經紀歷練的人，究竟有甚麼

武功秘笈,可以在短時間創造如此佳績?

我認為,沒有經驗,不等同沒有社會歷練或其他專業,就好比學習任何專業一樣,面對各家保險公司不同商品,也必須從頭開始了解、學習。而相較於傳統保險公司是銷售各商品為主力,保險經紀則是結合顧問的角色,組合各家商品特色,運用專業知識在眾多商品中,規劃出最適合客戶需求的方案。

早期保險商品被歸類為單純解決病、死、殘的問題,隨著時代進步,人們對財務規劃的需求日增,包括長壽所需的養護資金、被動式現金流、養老金規劃,以保險來彌補社會福利的不足。

保險這個產業,是與「錢」高度連結的產業,市場龐大,只要有人就會有需求,看似沒有相關的兩種業別,要產生連結,最大的關鍵,就是找到切入點,舉例來說,我先生是土地代書,有關不動產買賣、分割、繼承是他的專業領域,但是如何從先生的專業領域結合保險商機,並且在關鍵時刻提供客戶完善的傳承規劃,和客戶間產生雙贏,就必須仰賴我的專業養成。

然而術業有專攻，當我的客戶有公司登記、稅法、帳務等需求時，我也會尋求專業協助，看起來更像是「異業結盟」，也像是雙向交流，我的客戶是我的顧問，而我也是客戶的顧問。

　　從事保險經紀工作，貴在定位，既然是顧問角色，就必須要有解決問題的熱情，面對客戶提出的各種問題，要有耐心去處理，不論客戶需要保險規劃，或是稅務規劃，甚至只是心情分享等等人際關係的交流，都要用同樣的態度去應對，讓客戶感受到人際交流的溫度。

　　友好與分享，這也是MDRT所教導給我的做法和信念。與人維持友好互動關係，就好比農人種莊稼，從播種到收成，需要長時間耕耘，而這段「時間」不僅經營客戶，也是自我經營的重要階段，這也是「在永達練功」的概念，唯有先把自己的專業準備好了，機會來了，也才把握得住！

　　和其他保險經紀人公司不同，永達的團隊組成，大多來自銀行、證券、貿易、廣納各行各業的專才，重點在於每個人都願意無私付出，這些原本在本業上有著優秀傑出成績的人，選擇在永達重新一步一腳印經營客戶，

提供專業服務。換個角度來說，這也是另一種創業模式，當然任何創業都需要資本，需要技術諮詢，在開門營業之前，都得先交學費。但在永達平台創業，「本事有人教，本錢有人出」。想成功意願是首要的，再來個人最需要投注的是「學習」，你的成本就是高度意願和努力學習如此而已。

然而，平台給予再多協助，仍然需要個人具有「渴望成功的動力」，都說師傅領進門，修行在個人，永達不只給教練、給輔助工具、給專業訓練課程，更給優質競爭的環境，「遇強則強」，是很多人想追求的職場條件，在 MDRT 強烈薰陶下和高手一起切磋、交流、分享，成績自然不會太差，這種觀念從求學的同儕到職場，都是同一套道理，跟隨環境穩定成長或是力爭上游成為頂尖會員，端看自身付出幾分。只要跟著團隊的一步一步向前走，成功絕對指日可待。

從行業別找到商機

很多人好奇，不動產要如何與保單相互連結？其實只要你夠用心就會明白舉凡汽車、食品、機械等等每一項工作都和保險商品息息相關，只是相關性的輕重不同而已。首先，我們要先確認「不動產」在客戶資產配置的比例，也就是說，自然人同時擁有很多房子和土地，這些資產在沒有適當規劃下未來肯定會成為「遺產」，在必須繳納龐大高額遺產稅的時候，這筆錢要從何而來？這就是為了遺產稅而準備的最佳方案。

就好比做退休規劃、資產分配時，專家都會提醒要「預留稅源」，同樣的，也要幫不動產贈與、繼承做相同的規劃，其意義就在於，要預留一筆現金來做為繳納遺產稅之用。

多數人都有投資觀念，一旦手邊有一定額度的現金，就會想拿來買房子、土地，但是當這些資產需要移轉的時候，通常會發生現金流短缺的問題，也許有人會問，「移轉」會在何時發生？其實正是最不可測的時間，也許是買賣，也許是贈與，甚至是繼承，都會有負擔稅負

的情況。

而經由保單規劃的最大意義在於,不動產繼承的過程中需要先繳納遺產稅,完稅後才做協議分割並辦理過戶,要注意的細節很多,但保單的身故理賠金,並不須要經過這樣繁瑣的過程,它像是遺產外的現金,而且是一筆快現金。

也許有客戶會提出不同觀點,例如沒錢繳,乾脆分割土地(課徵標的物)抵繳就好了,這時你要運用專業能力提醒客戶,土地的計價有兩種,一種是公告現值,一種是市價,假設公告現值是一億,必須繳納兩千萬元稅額,在繼承人沒有現金的情況下,就要分出「公告現值兩千萬」的土地來抵稅,然而公告現值為兩千萬的土地,市價可能高達六千萬,這四千萬的損失,其實可預先透過保單規劃來「預留稅源」,我們可以從保單提供風險分散的面向來和客戶做探討,人生難買早知道,最可貴的就是,先排除不確定風險,而這也是保險最大的價值和功能。最早會有這樣的想法,也是從實務得來的啟發。

很多年前,朋友的前夫因病去世了,當時只有公司的團保和勞保,本應該理賠給子女,但是其前夫的父母

和手足都出面爭產,反而要求子女放棄繼承,親人之間發生不必要的爭執。從現實面來說,如果當時當事人有自己的保單規劃,並「指定受益人」是子女,那麼孩子的生活,至少會有一點基礎的保障。

另外一個例子,有位六十幾歲的地主來找我先生(土地代書)諮詢,因為土地被徵收,加上父親過世,母親繼承許多遺產,地主擔心未來要繳交很多遺產稅,希望得到適當的建議。因為媽媽已屆高齡,就算將現金移轉給兒子,每年也只有244萬的額度,實在緩不濟急,加上現行稅制規範,如實繳納遺產稅是最終結果。地主聽了不接受,他擔心未來要繳納高額遺產稅,於是開始從媽媽帳戶提取現金,幾年之後,媽媽過世了,申報遺產稅時,地主自以為萬無一失的做法,在一年之後還是被國稅局發函要求補稅,最後補稅加罰款,大約繳納了兩千萬元之譜。

從這個例子,看到地主的挫折與損失,也給我不同的啟發,身為保險專業人士,我必須幫客戶預先做好資產配置,在一切合法的前提之下,協助客戶做稅務規劃,除了分散風險,也替未來資產傳承預留寬裕的資金。

善用議題 有助於業務開發

早年做業務開發，我的主力是稅務、不動產等範疇，也用勞保、勞退連結退休規劃，針對科技業關注的需求，辦了很多主題講座。隨著台灣已經進入全球人口老化前三名，超單身時代已經來臨，加上未來活到百歲不是夢，議題也轉向「意定監護」和「安養信託」為主軸，一旦議題不同，著重的開發領域也要隨著轉變。

老人失智問題日益嚴重，「意定監護」也成了各界討論的重要議題，從財務安全規劃的角度來說，可以在我們頭腦清楚的時候，先做好意定監護，萬一喪失行為能力的時候，指定的監護人可以協助我們管理並動用名下的資產。

保單的主要功能是保障人及資產，在被保險人失能時，仍然可以得到妥善的照顧，並結合「安養信託」機制，由監護人來執行護養療治（此為民法正式文字）及財產管理職務，為了感謝監護人對被保險人的照顧，也可在合約中直接載明要付給監護人的費用。

就實際案例來說,有一位客戶摔跤撞到頭,原以為沒有大礙,誰知隔天去看醫生,就被安排馬上開刀,長達一個月都無法恢復正常狀態,拿了提款卡,要付醫藥費,卻始終記不住密碼,原本的海外投資事業,也無法正常操作,這些需要處理的事務,非當事人,都無能為力。後續行動必須靠輪椅,對其心智造成巨大的打擊。所幸客戶早已做好「意定監護」,並將已規劃的保單結合「安養信託」,這樣的安排,即使客戶健康情況持續惡化,資產也足以保障其得到妥善的照顧,直到人生的最後一刻。

如果單純從資產配置的角度來看,花兩千萬買一間房子,和花兩千萬買一份保險,兩者最大的差異在哪裡?

保單和不動產,就傳承的差異點來看,就在於不動產是遺產,會產生遺產稅,必須先辦理繼承,完稅之後,才可以轉移過戶。保險若能及早正確規劃,則有機會不必計入遺產,其二就是,保單無須管理成本,可以指定受益人,也可以比例分配,結合信託功能,還可以分年、分次給付,以港星沈殿霞女士留給未成年女兒的遺產信託,即是受到華人矚目的案例,有了信託規劃,不僅保障資產的安全,也提供更合理的使用年限,進一步避免

高額財富造成他人不當利用。可以為受益人帶來各種保護。

擁有高度專業 服務更到位

開發高資產族群，向來是保險同業眼中的崇山峻嶺，如何登頂，需要好的技術和配備。對高資產族群而言，房子和土地，都是投資標的，既然是投資，獲利是目標也是結果。基於此，想要獲取客戶的信任與委任，專業知識絕對只是保險經紀從業人員的基礎配備。

而這些專業知識的來源，平台可以充分提供，遇到問題，只要願意開口虛心請教，就能得到各種面向的分析、資訊重整，乃至於方案建議，前述種種，都是「開口問」就可以獲得，這也是平台提供特殊的學習資源。即使身處不同的團隊，跨團隊間也會相互支援，這就是最好的資源整合。

積極參與早會，是所有永達人的共識，平台不強制，卻阻隔不了全員到齊學習的信念，這就是魅力所在，上

台分享是榮譽也是歷練,每天都有各行業轉職到永達發光發熱的高手上台分享,這可是其他同業保險經紀人公司求之不得的寶藏,認真聽、開口問,信手拈來都是學問,渴望成功的人,哪裡還有藉口不來參加!

客戶在哪裡?可以和教練討論,找到方法去開發,辦活動、辦講座,除了自己進修更能吸引各行各業的人來參與。營業處每天八點半到十點半,就是所謂的「保母時間」,用通俗的說法來形容,教練就是安親班保母,不論新人或資深同事,每天都要來學習他人分享的經驗。團隊之間則可以模擬練習,個案分享。從分享、演練的過程、吸收專業知識,這是成長的好時機,也是解決問題的好機會。

在學會武功之前,團隊夥伴最需要的是隨身指導並能給予適時引導和督促的教練,至於如何運用,教練可以給予實戰經驗,團隊作戰的優勢,就是隨時有資源也有支援。時間管理,是業務員很重要的工作準則,教練每週一都會檢查工作日誌,達不到進度的要檢討,是做不到,或是沒有找到對的方法,教練做這些事情,是為了達到工作目標,倘若新人不願落實,平台並沒有懲罰機制,想找理由找藉口怠惰的人,自然會被環境淘汰。

任何在實務上遇到的問題，第一時間尋求教練的解答從而得到幫助，會比事後補救有效 100 倍，都說環境最能影響人，吸引力法則強調的是，和成功的人在一起，融入成功就接近成功，時至今日，我已得到結論，不僅環境對了，人也對了，因此我在第一年就完成 MDRT 會員資格。並在每一年的努力不懈，目前已是 15 屆終身會員資格。

同業總是會好奇，永達究竟有甚麼吸引力，讓許多不同行業的高手，願意放棄過往的高薪成就，投身到這個平台？我認為，永達人不藏私，是這個平台最為可貴的魅力，每天都有這麼多人願意分享案例，總能讓人在關鍵時刻得到啟發。我們不僅幫客戶做財務規劃與資產傳承，也要把個人的寶貴經驗傳承給同事，讓更多人學會複製成功的 KNOW HOW。

很多行業都把 KNOW HOW 看作是商業機密，鎖在保險箱不輕易讓他人知道，在永達則不只給 KNOW HOW，每個夥伴都可以隨時向他組請教，學習新功夫，我常跟夥伴說，凡是不能複製的，都沒有資格稱作是系統，不是「長期主義」的經營理念就不要跟隨，這裡引述的「長期主義」，是指不論平台或團隊，在處理事務時，必須

具有優先考慮長遠目標的決策能力，有遠見、有永續經營的願景，才是值得跟隨的團隊。惰性是人的天性，要如何克服惰性，那就是把學習變成習慣，跟隨公司建置的系統，自然地引導，讓學習和執行成為另一種慣性，就能凌駕在惰性之上。

我曾上台分享一個個案，為了成交一張法人保單，還特別聘請專業會計師去和客戶說明相關要件，就在會計師和客戶對談的同時，我聽著聽著也得到啟發，並且藉由這個經驗去拜訪另一位企業主成功締結法人保單。最讓我感到自豪的是，同事也因為我的經驗分享，把這樣的 KNOW HOW 拿來應用，從而締結了保單。在團隊中我們相互分享自己的作業秘訣，也同時應用他人的秘訣，最後共同為成交而感到慶賀。

永達提供的平台的資源，更是所有同仁的堅強後盾，舉例來說，在台灣營運長達四、五十年的企業，通常都會面臨「老化」的問題，隨著公司業務穩健，員工的心態也趨向安逸，尤其第二代接班，更容易發生年輕老闆與老員工難以溝通的窘況，面對這種問題，建議客戶，不如找「第三方」來處理，於是我向客戶推薦平台的專業顧問，針對企業主急需改善的問題，開出六堂課，讓

企業員工來學習,並藉由課程內容請員工提出心得報告,經由顧問的專業意見,不僅讓企業員工得到新思維,也為組織帶來凝聚力,有助於企業未來的營運與發展。這個例子不僅為企業提供良好服務,也在客戶心目中建立專業價值,不僅能和客戶共享平台資源,更是廣結善緣的終極目標。

進入團隊 就業即創業

二十一世紀絕對是行銷品牌和個人特質的年代,善於傾聽,親和力強,都是很有魅力的特質,那麼,善於傾聽對於業務工作有哪些幫助?

主要是透過發問(聊天)和傾聽來收集資訊,包括家族系統、工作狀況、財務狀況、家族關係等等,以此來做出歸納和結論,做為保單(資產)規劃的參考資料。

舉例來說,初次見面,要問哪些問題?假如對方是事業有成的大老闆,可以問創業的契機,印象最深刻的事情,面對幾次金融危機,做出哪些因應,如何度過那

些難關？

如果是爺爺奶奶想要做資產傳承，提問的內容，就傾向有哪些家族成員，家庭關係如何，這些細節牽涉到保單受益人是誰，或是民法裡法定繼承人的順位。

從事保險經紀業務，必須有使命感，唯有真正利他，保險的價值才會被彰顯，如果問我如何看待這份工作，我會說，自己是全方位的資產規劃顧問，藉由保單規劃解決老病死殘的問題以外，也讓每一個人在人生百年之前的每一天，生活無虞，安享快樂人生，這樣的價值，無法用錢來衡量與計算。客戶在人生的晚年得到妥善的養護和照顧，不僅感到欣慰，成就感也油然而生。

每一年永達都會為 MDRT 會員舉辦海外極峰會議，我也有幸參與去了許多國家，行之有年的旅遊計畫，主要是董事長期望，讓大家在工作中領會真正優渥有品質的退休生活，透過環遊世界的旅程增廣見聞，同時也累積更多與高資產客戶的話題。

對我來說，旅遊是休閒，是交流，年年都去，好似一種儀式，時日久了就會少了特別的感觸。某一年要去

南非,行前總是有諸多固有的印象,以為南非是「動物比人多」的國家,直到去了才知道,自然環境之美,真的是世外桃源。

這趟南非旅遊,有一個特別的行程,是在開普敦攀登一座名為「桌山」的景區,據說桌山有「上帝遺落在人間的餐桌」的美名,這座巨無霸的大山就在開普敦市區,也經常是所有旅遊者,不管從何角度拍照它都是雄偉的背景。

有趣的是,當我登上「桌山」眺望遼闊的四方,就好像心裡有一扇窗突然被打開了,我彷彿看到認真打拼的自己,看到了客戶的信任,因為完成MDRT終身會員,我來到此地,這種獨特的感受,不僅對自身的工作備感尊榮,也更慶幸自己及早轉業,從而開闊了人生的視野。這個經驗也讓我體悟到,原來真正的限制,是自己沒有被打開的視野,此後我對很多事情都抱持更開放的思維,為了紀念內心澎湃的喜悅,我還買了明信片寄給自己,紀念當下心境的轉折。

人生需要夢想的滋養,保持頂尖,是許多保險從業人員的夢想,對我而言,追求每一年的MDRT,既是獎

勵，也是實踐夢想的目標，就好比我在幫客戶做退休規劃的同時，也在一步一步落實個人的生涯規劃，實踐人生的夢想。

早在完成第一屆 MDRT 時，我覺得自己「做到了」，MDRT 象徵著成功的光環，後來明白那只是「階段性目標」，陸續完成幾屆 MDRT 之後，這才意識到，真正能證明我的「存在價值」，那應該就是持續累積 MDRT 會員的屆數！

就如同當初懷抱著「渴望成功」的信念投入永達，我實踐取得 MDRT 終身會員的目標，晉升營業處協理後，致力於發展團隊組織，接下來的重要任務就是將我的成功經驗複製「傳承」下去，可喜的是，在短短數年間，我也成為百萬菁英推手，再一次印證永達平台的成功系統，是可以複製成功的，是長期主義的，也是可以追隨的，未來想要培養更多後進成為百萬菁英，取得 MDRT 終身會員的榮耀，都說保險是幫助人的行業，用專業取得信任，用服務創造雙贏，我們在幫助客戶解決問題的同時，也提升了自己的人生格局，何樂而不為！

身為團隊長，現階段的任務，就是召集更多優秀人

才並且培植更多 MDRT 會員，從實際的意義來說加入我的團隊，不是就業，而是創業，我是以創業的概念尋找理念相同的事業夥伴，這樣的人選必須擁有幾項特質，年齡在 35-40 歲，是家中經濟來源提供者，對事業發展有企圖心、有行動力、願意為自己許下承諾，也要有服務他人的熱忱以及願意被要求、被培訓。

以目前這個時間點來成就夥伴成功，壯大團隊，是非常好的時機，其一是我的個人業績和團隊發展都已經到了成熟的階段，後續加入的夥伴，可以在更短的時間進入狀況模擬實戰，減少拜訪客戶的挫折度及適應的過程，就像走在平坦的路上，步態和速度都會加快，因為前輩們已經排除許多障礙，累積許多大保單成交經驗，可做為新夥伴的教戰守則。

特別是渴望擁有自己團隊的人，更適合加入，用創業的概念來招募夥伴，當業績達標，就能發展團隊，帶領一群和自己理念相同的人，一起打拼事業，這種機會很難在其他行業別出現，有才華的人，或許擁有華麗的業績，通常也是孤單的，在其他行業業績拔尖，或許會被視為「一匹孤狼」，但來永達卻是完全相反，因為只要有意願沒有人能阻止你成為領導千軍萬馬的統帥。

隨著產業發展地域的改變，許多優秀的台商、台幹，也面臨職涯發展的轉折點，以平均壽命來說，身處五十幾歲的時間洪流，本身擁有企業經營的實務經驗，來永達，正好是打造事業第二春的最佳舞台，尤其經營高資產族群為主，客戶多為各行各業的企業主，更能理解事業經營過程的各種資產配置與稅務需求，有了共同話題，也更能提供完善的規劃方案。

平台制共享資源，團隊長更像是教練，經營客戶就像是跑馬拉松，教練的功能更像是補給站，在賽道上的夥伴們多久可以到達終點（MDRT），關鍵還是回到跑者身上，所謂「意願大於能力」，有信念有企圖心能堅持，才是成功的關鍵。

任何行業都講求「適才適性」，夥伴們經過面談之後，確認喜歡這個行業，接下來觀摩早會，參觀職場環境，了解運作模式，參加財經講座、稅務講座，初步認識保險從業人員應該具備的各種專業。

有意願從事這一行，首先要上課，準備考照，取得證照之後，開始規劃每一季度、半年、一年的預計目標，銷售策略等，我們稱其為「成功計畫書」，接下來就是

取得 MDRT 會員資格，這是永達人的身分證，不只是榮譽，同時也取得豐厚的實質收入。

每個人都有每一階段的目標層次，當達標保險業界高度重視的 MDRT 榮耀時，全人理念能引導會員享受更有意義的家庭、健康、教育、事業、服務、財務及精神生活。此時生命的著力點已經開始啟動「回饋」的模式了，所做的決定和方法已不為錢也不為名而是一種為了能夠服務更多人的境界。

在面對人生任何轉型的過程中，要在短時間之內將過去累積的思維或習慣做轉變其實是不容易的，訓練平台在此時就發揮強大作用，但這卻也是要走到夢想的路上一個淬練的心法，再預備下一次跳遠的時刻，總要花一番時間和力氣深深的往下蹲，唯有蹲得夠深夠紮實，在下一次奮力往前衝的時候才能迸發出最大的能量。

回首來時路，在我壯齡 15 屆的 MDRT 旅程中，每一步都有堅定的意念，每一次挑戰都是一段奮鬥的歷程。感謝永達保經創辦人吳文永董事長的智慧與領導，以及月碧總的堅持與創新，讓我有機會在這個平台上展現自己的才華與能力。在這個璀璨的舞台上，更感謝每一位

戶對我的信任和支持；團隊夥伴們的團結與共同奮鬥。最重要的是感謝自己能夠克服一切難關並且堅持不懈努力達成目標。進而成為自己心目中理想的樣子，期許在未來的日子，有更多志同道合的夥伴，與我一起奮鬥成為卓越的保險企業家。

|方綵晴|
改變人生的保險路

選擇大於努力
格局決定結局

李培甄

經　　歷
- 安泰人壽業務主任

現　　任
- 永達保險經紀人業務儲備協理
- 中華華人講師聯盟認證講師

保險年資
- 三十年

出版作品
- 「有一分熱，發一分光」

得獎紀錄
- 美國 MDRT 百萬圓桌終身會員（12屆）
- 中國之星 CMF 業務員組 銀星獎
- 國際華人 龍獎 IDA 個人組 銅龍獎

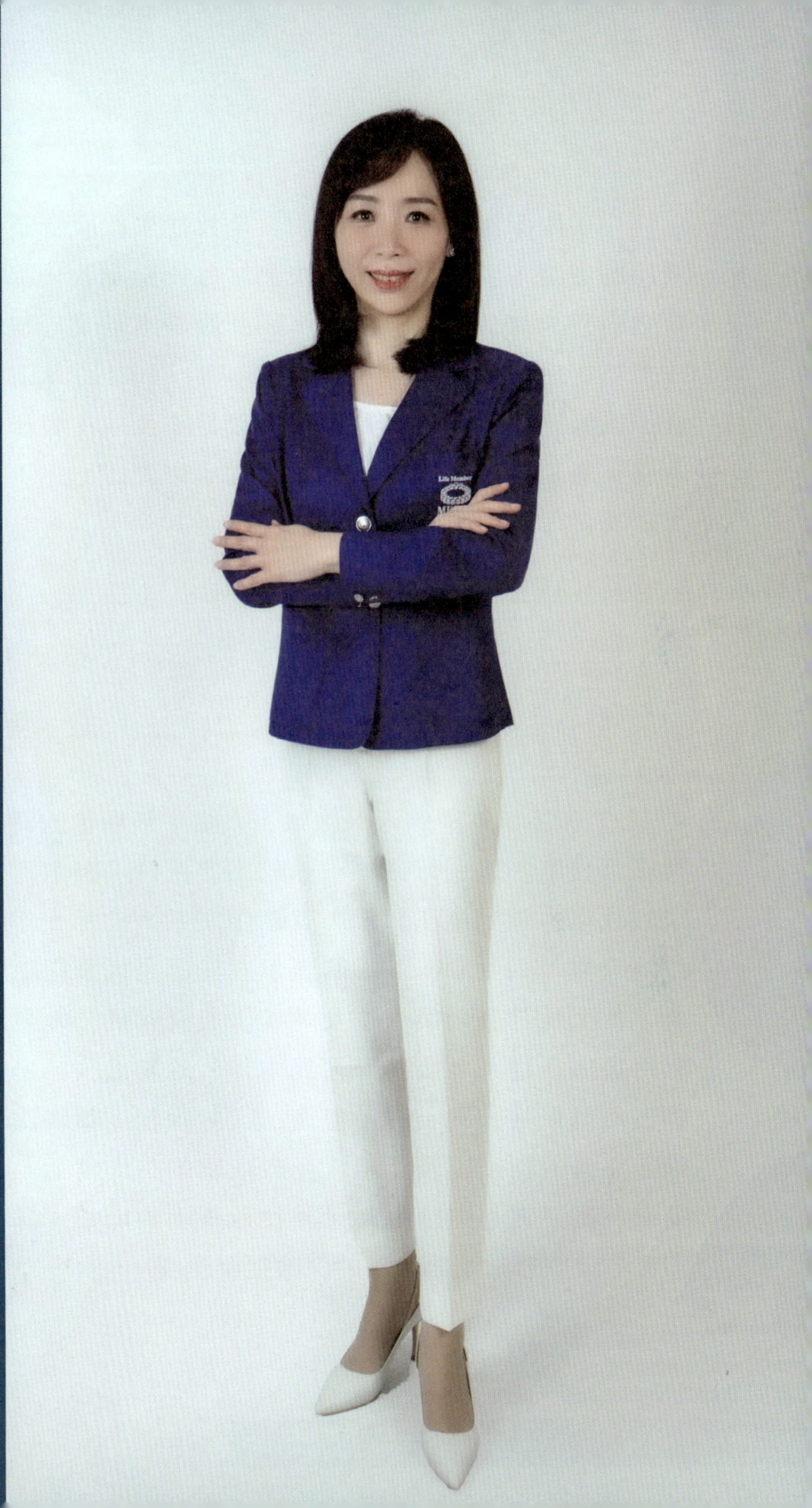
Life Member

「如臨深淵，如履薄冰」，是我從事保險行業始終秉持的態度，我深知每一個規劃，每一份契約，都將實現在客戶未來的生命歷程中，因此設身處地盡心盡力，才能為客戶完成最周延最完善的保障。回首 30 年壽險生涯，這條路雖然漫長但我走得堅毅且不凡，在服務客戶的路上負重前行，我相信把每一件小事做好，逐步積累方能成就大事。

從愛與責任出發

　　21 歲那年選擇進入保險業，人生中最精華的時間，幾乎都貢獻在這個行業裡；由於家族使命，出生書香世家的我原本預計擔任教職，就讀中文系大三那一年，意外地改變了人生劇本；當時表姐在安泰人壽擔任總監一職，甚至是全公司第一位女總監，成就斐然，她鼓勵我利用暑假空檔，多接觸學習課本以外的知識，於是我跟著表姐到保險公司上課，僅僅三天的課程，讓我沈浸於保險完善的制度以及能救人免於危難的工作價值，深深吸引，當下在心中萌生為世界扶危濟困的念頭，課後旋即報名證照考試並開始我的保險從業生涯。

安泰人壽是台灣第一家外商保險公司,主力為醫療險,由於坊間商品眾多,細節繁複,加上外商公司非常著重核心價值,這段時期是我奠定保險理念、險種設計、核保規則、醫療全險規劃組合的能力養成。新人階段的我懷抱著滿腔熱忱,總覺得沒有保險這層保護傘的人,就像光著身子在路上行走一樣,隨時隨地暴露在危險之中,為了讓更多人了解保險的重要性,我和同事設計了一款特別的名片,名片上缺了一個小角,旁邊有一行小字:「沒有保險的人生,就像這張缺角的名片,於人於己都是一種缺憾。」,這行字不僅向大家傳達保險在每個人的人生中是不可或缺的角色,更是我的職業信念,保險因愛而存在,是一份體現愛的事業,當這股信念化為勇氣,即使遇到客戶拒絕,或是提出反對問題,依然絲毫沒有挫折或退縮之感,在當下對於事業前途仍懵懂之際,勇闖亟待開發同時高手林立的保險市場。

由於當時網路尚未發達完善,甚至沒有搜尋系統,許多保險知識只能翻書查閱,到處蒐集各家保單條款,字字斟酌而來;主管和同事許多是法律相關科系出身,可以隨時向他們請教法學觀念,畢竟保險是無形的商品,所有細節都在保單條款裡,保險同時也是一份契約,在條款用字上,可能一字之差便大相逕庭;因此,簽訂契

約時要特別注意是否合法合規，以免違反誠信原則，造成契約瑕疵；此外，辦理理賠若遇爭議，能否秉持公正的立場，不妥協保險公司刁難亦不姑息客戶以身試法之行為；這些經驗造就我日後在保經公司，即便得洽訂之商品目不暇給，我仍舊可以最快的速度，綜合評估每個商品的優缺點，同時協助客戶做保單檢視時，也能一眼找到保障缺口和問題點。這些點點滴滴都是建構我日後行銷底氣的來源。

堅持 笑看低潮用力承擔

在台灣，鮮少有人在初加入保險這個行業時，是帶著親朋好友的祝福而來，首先面對的是「家人」，他們或許不反對，但是肯定不理解，尤其身處人人都是「李老師」的家族，備受質疑為什麼念到大學畢業不選擇當老師或公務員，安安穩穩過生活，非得挑戰高難度的業務工作？甚至是挑戰刻板印象極差的保險業務，我明白家人的反對來自於擔心，擔心你辛苦，擔心你收入不穩定，擔心你人際關係受影響，擔心你常常要看人家臉色⋯，但是有愛才會擔心，這些擔心反而更堅定我對保

險認知的初衷,我要讓每個人生活無後顧之憂,讓自己成就一番事業,讓他們的愛推動著我前行。

　　從事業務工作初期最難面對應該是客戶拒絕,在保險觀念未被普遍接受的年代,無論開發、邀約面談、商品解說、締結成交,每個行銷流程都可能遭受客戶的質疑、誤解以及不接受,還在菜鳥階段的我,肯定免不了種種挑戰,遙想當年歷經風風雨雨,幾乎可拍成一部悲情連續劇。曾經,名片一遞出就被客戶當場丟在地上並撂下一句「賣保險不要找我」,當街羞辱;曾經,拜訪了數十次的客戶在比較過 7~8 家保險公司商品和條款後告訴我說「我老婆不會同意我買保險的」,白忙一場;曾經,在寒風刺骨的冬夜一進客戶家便被斥喝趕出門「我不想聽妳講保險」,掃地出門;還有好幾次,約好晚上前去家裡拜訪的客戶,讓我在樓下乾等了五個小時仍然沒有開門,避不見面;甚至客戶簽定契約後,於十日猶豫期內撤銷,原因為客戶妹妹在同業,得知姊姊跟別人購買保單非常生氣,即使我規劃的保障內容條件較優,依舊不敵人情的壓力;這些畫面經過了這麼長的時間,在腦海仍揮之不去,歷歷在目,由此可知當時在我心中無形之間造成了不小地衝擊。然而,我堅守初心同時肩負著對保險業的使命感,這些淬鍊的歷程強化了我的心

理素質，日後即使遇到挫折和低潮都能迎刃而解。

　　原本反對我進入保險業的父母親，在我逐漸穩定發展，展現成績之後，開始默默支持，從旁敲側擊瞭解保險到底在做什麼，保險為什麼可以幫助別人，直到協助我開發業務，積極幫我轉介紹客戶，當初阻擋我的保護牆，轉化成為助我航行的風帆，多年來，他們跟著我歷經起起落落，在我挫折時給予鼓勵安慰，在我功成名就時以我為榮。我與父母親住在不同的城市，忙碌於事業的我，經常無法與他們相伴左右，甚至常常分派任務，請求父母親北上支援幫忙照顧家裡，心中所有的感激與感謝，期許自己持續以更優異的表現榮耀他們。

轉型與蛻變

　　保險業有一句很激勵也很殘酷的話：「不要用自己的時間，去見證別人的成功」，歷經十一年的業務磨練之後，成績差強人意，還算是個稱職的保險業務員，仍感覺自己在業務開展上漸漸遇到瓶頸，幾經思考，我決定轉換跑道，就是現在的公司——永達保險經紀人，其一可從多元化商品當中找到最適合客戶的方案，其二將自己的角色從保險銷售轉型成為提供解決相關疑難雜症的顧問。

　　當時做出決定的主要考量有以下幾點：

　　第一、年齡和體力成反比：隨著年資及年紀漸長，客戶數量與日俱增，在體力和時間有限的情況下，能否持續維持良好的服務品質？然而時光荏苒，客戶面臨醫療理賠的需求相對逐年增加，於我而言，績效固然重要，服務品質更重要，當時在前公司已經累積近六百位客戶，如果繼續以「計量」的模式達成業績目標，最後只能把大部分的時間花在行銷難以兼顧服務品質，無法得到優質的服務，客戶自然不會再重複購買或轉介紹，

業務員只能不斷再開發尋找新客源，這會讓保險事業越做越辛苦。

第二、反思「多元行銷」的效能：諸多保險公司訴求一站式購足、多元行銷的模式，希望為業務員創造多角化接觸客戶的機會（例如：推廣信用卡、協助辦理房貸、銷售產險意外險等等），事實上這不僅讓業務員分散心力，更耗費多餘時間處理保險以外的事務，與其同時兼做許多雜事，不如專注把一件事情做好，聚焦重點才能用對力氣。

第三、保險業務工作定位的重要性：各行各業都需要定位，比如餐廳，就口味而言可分中式、西式，法式等等，醫院同樣分科分診，如果肚子痛就無法在牙科得到妥善的治療，選對科別才能對症下藥。雖然客戶「想到保險就想到你」，對業務員是一種信任，但也表示客戶對於你的服務項目並非明確清楚界定，尤其在保險的廣大範疇之下，人壽保險、財產保險、醫療險、意外險，分門別類各司其職，以保險的性質又可區分為保障型及保價型，雖然身為保險業務員均需略知一二，但是術業有專攻，如同醫學系學生畢業後從不分科住院醫生開始，到最後選定自己繼續專精的科別，保險業務員亦是如此。

第四、保險事業需要晉級--隨著工作資歷增加，業務能力也應該有所成長，累積更多個人專業，包括如何經營高資產客戶或者提升件均保費等等。既然把保險事業視為終生職志，不得不思考一個更好的商業模式，因緣際會之下認識永達保險經紀人公司，其定位明確，以協助客戶規劃人生階段各項資產配置為目標，與我的自我成長提升理念不謀而合，因此成為我轉職首選。

致力於高資產客戶的開發和經營

有一句話說得很好：「你無法做到你認知以外的事。」，既然思維改變，接觸的客群也應該有所調整。由於先生擁有房屋仲介的資歷（當時先生和我同時轉職永達一起共同服務客戶），耳濡目染之下，我對土地、不動產買賣、移轉等相關訊息及專業知識有高度興趣和了解，同時成為我入門高資產客戶的第一個解鎖點。在臺灣，基於有土斯有財的傳統觀念，許多六年級生以上資產占比，大部分為不動產。當時有位地主客戶諮詢土地出售和分配相關事宜，我們提供許多不同面向的分析，除了考慮稅務問題，更重要是如何解決他最擔心的傳承

問題,最終,客戶依循我們給的建議順利完成土地買賣,同步扎根我們在客戶心中專業可靠的形象,之後客戶出售土地獲得的款項,透過保單機制,完善規劃客戶的退休金及傳承子女的安排,除了解決客戶擔憂,更為客戶籌謀未來美好的人生藍圖。這個成功案例不僅強化我轉換跑道的信心,更讓我締造億元保單的佳績。

　　如何開發經營高資產客戶?我的做法是,首重堅守道德情操,與客戶建立長期穩健的互動關係,同時提高業務相關的專業水平。以階段性來說;首先,必須先判別高資產族群客戶樣態,覓尋身邊有無符合資格的客戶;接著,洞悉高資產客戶關心的議題,自我精進強化談資底蘊,兩者都兼具之後,經由長期良好的關係經營,在適當的時刻給予正確的建議,逐步進入面談諮詢,進而締結高額保單。何謂「高資產族群」?可從收入來源和資產型態與規模進行判斷,這二個項目往往是日後和客戶討論規劃的切入點。而經營高資產客戶應該具備哪些能力?

　　一、持續精進專業知識:由於高資產族群的資產種類與財富規模,與一般家庭不同,必須縝密為其規劃更周全的方案,居中涉及信託、遺囑及各項稅務等專業知

識，必須將其融會貫通相輔相成，因為錯誤的規劃有可能造成客戶重大損失，必須以嚴謹的態度和專業知識應對。

二、維持長期且穩定的業務關係：高資產客戶身邊不乏優秀的理財人員，如何讓客戶放心把大筆資金交付予我，由我提供客戶重要的人生資產規劃，在金融領域，誠信和負責是贏得信任的關鍵。我謹守「道德為本，信譽為先」原則，除了持續關心客戶加強關係聯繫之外，在他們不同人生階段包括家庭成員改變、經濟規模增減、健康狀況和各個年齡階層，都能適時給予他們在責任和財務想法相關諮詢及協助，提供最適解決方案，才能符合客戶全生涯與全方位的需求。

三、細節與肯定：高額保單在簽約及核保過程中，細節多如牛毛，必須配合客戶身體、財務及需求等各種情況，進行保額及保費的安排，透過保經業的優勢，可從多樣及多元化商品中挑選，分散佈局，尤其台灣詐騙日漸猖獗，近年來監管機關對於高齡高額保單要求甚為嚴謹，為高資產族群客戶提供滿意的保險方案與服務，建立良好口碑，獲得客戶信任進而再推薦和轉介紹，其成就感不言而喻！

高資產客戶除了關係經營，情感信任必須建構於專業知識之上，二者相加相乘，才能深植客戶心中，除此之外，為精益求精可尋求專業人士協助，如律師、會計師，透過「合作共好三贏」的模式，提供客戶精準的服務，假設客戶提問無法第一時間答覆，後續也可透過專業人士諮詢給予正確的資訊，心存善意，態度誠懇，客戶能感受且了然於心，並且給予你高度肯定；漸漸地，我與客戶兩者之間不再只是業務上的往來，而是彼此關心協助的朋友，我從客戶身上學習許多處事哲學、事業經營的方法、以及累積財富的方式，無論在業務或生活上均常常受到客戶們的照顧及愛護，我銘記在心，感恩戴德，是他們的支持才能讓我一直在這條路上繼續前行。基於此，保險不僅是我的事業，更是終身的志業。

溫柔而堅定 打開客戶心門

「不卑不亢，溫柔而堅定」是我與客戶進行對談時保持的態度，跟客戶討論問題的目的在讓客戶理解並接受解決方案，切記不要流於說服或試圖教育客戶，甚至最後與客戶爭執辯論，這會讓客戶關上心門，拒絕任何訊息。面對高學識的專業人士，溝通時務必讓客戶在談話前期感受及認知，在保險的領域我就是專家，接著從雙方的對話中找到規劃的線索，和客戶一一確認需求，才能不失偏頗為客戶訂製合宜的方案。例如有一次，我與醫師客戶的初次面談，一進門客戶便明快指定商品，表示自己已經在網路上搜尋最佳推薦且已研究過保障內容，不需要我再多作說明；以我的判斷，其實商品並不合適，希望他能聽聽我專業的建議，我便以他的職業立場舉例：「倘若一個病人走進診間，聲稱已上網確認自己罹患某某病症，並且指定要醫生開立哪幾種藥，我想身為醫師的您會告知病人，上網爬文判斷病情不一定準確，既然已前來求診，不妨相信醫生的專業診斷及建議用藥」。從客戶的職業語言闡述，可以讓對方更快速理解，達到事半功倍的效果。

在幫客戶進行保單健診時，我常發現客戶的舊規劃中有許多重複的保障，我會向客戶舉例，買保單恰如室內裝修，如果沒有專業的設計師規劃，業主憑藉自己的感覺東買西買，買了自己喜歡的家具，擺在一起才發現，功能重複性過高，風格不一致，完全喪失裝修的初衷，更展現不出自己想呈現的形式。保單規劃亦然，透過經驗豐富且專業的保險規劃師，不僅能將保費調整至最適當的金額，使保障功能齊全，同時保護人身，也保護資產。信賴專業，是選擇，也是智慧。常有同仁問我，為何面對客戶的反對問題時，總是可以從容應對，甚至被客戶拒絕時，也顯得雲淡風輕，這一切，除了勇氣和底氣，還有專業和強烈的信念支撐，提醒客戶風險的存在，是保險從業人員的責任和使命。

　　再者，我認為客戶提出反對問題，有抗拒的心理或是抱持不同意見，都是可理解的，試著拉高維度看這件事情；比如網球比賽，當業務和客戶的關係是單打比賽的對手，業務和客戶站在對立方，球（反對問題）在二人之間一來一往，只有分出勝負才會停止。但如果二者是雙打比賽的隊友，在同一陣線，擁有共同的目標及共識，才能平心靜氣針對問題互相討論。舉例來說，客戶常會提出退休規劃不如投資股票或 ETF 的股利創造被動

式的收入，不要急著反對客戶的觀點，或者拘泥於跟客戶討論報酬率高低及投資風險，反之，我會提出另一個問題讓客戶思考，任何投資執行都需要清晰的頭腦及無比的體力，當我們退休的時間到來，假設健康不佳的情況之下，比如失能或失智，連基本生活都無法自理，更遑論如何讓投資報酬率維持一定的水準以支應退休生活，保單雖然沒有太高的收益，卻能在各種情況、各種階段，排除風險穿越投資障礙，確保時間到，退休金一併到位，同時有源源不絕的現金流；唯有保險才能做到全方位或全生涯的規劃，這是任何投資商品都無法取代地優勢。

站在客戶的角度思考

很多銷售人員向客戶說明商品時，經常會主觀獨斷，與客戶關切的議題南轅北轍，因此，除了確認客戶需求之外，必要時創造需求，更多時候必須引導客戶理解需求。如果角色互換，業務能不能從被行銷的過程，反思行銷的目的，規劃最有利於客戶的方案，否則便是無效行銷，甚至引起客戶反感。想要客戶「願意聽我說」，首先要表現出自信心，而自信心則來自對商品的熟悉度，

但是忌諱一次將所學傾吐，在客戶面前必須厚積而薄發，依循客戶需求才是保單締結的關鍵，才有往下洽談的機會。如何了解客戶現階段的保險需求，可以從「保單健診」開始，就像我們在醫院的病歷一樣，逐一檢視客戶曾經購買過的保單內容，先通盤了解客戶已經擁有哪些保障，並從時間軌道分析各個保障的規劃動機。讓行銷能力和行銷技巧更進階，除了找尋客戶的需求，進一步創造需求為保單規劃賦予意義。所謂銷售技巧，關鍵在於，站在客戶的角度思考，才能取得和客戶談話的頻率，商品說明固然重要，但更重要的是，這個方案能為客戶解決甚麼問題，獲得哪些保障，才是有效的行銷，成交的入門磚。

舉例來說，有位阿姨經由轉介紹，她想將公司退休金500萬轉至保險作長期資金規劃，並且要求先看方案，看完之後，她說這個方案的條件和銀行理專員提供的差距不大，心想著就近在銀行端購買。這位阿姨單身且父母均已離世，兄弟姊妹中排行最小，與姪子年紀相仿且同住，甚至約定老後互相照顧，我詢問阿姨名下是否還有其他存款和不動產？並提醒她，依照民法繼承順位規定，繼承人為兄弟姐妹，姪子沒有繼承權，如果兄弟姊妹早於她身故，這些資產將全數收歸國有。這次透過保

險規劃的 500 萬，可以指定姪子直接受益，其它資產則必須以遺囑方式安排。阿姨以前買過幾張保險，業務員都建議將受益人填寫為「法定繼承人」，並且告訴她，只要有親人在即可領取身故保險金，我將法條詳細解析給阿姨聽，並建議她務必將先前幾張保單的受益人改成姪子，以免將來出現「無法定繼承人」的狀況，阿姨聽完我的解說，才知道專業落差不在於商品報酬率，而是這個規劃最後能否如期執行，如願實現，簽完保單後，阿姨說了一句：「能遇到培甄真是太值得了！」。保險從業人員最重要的課題不外乎，藉由所習得的專業知識助人，提醒客戶預先規劃，有效分散人生每一階段的風險，為人生晚年提供安全且富足的保障。

如何年年達標 獲得終身會員資格

　　加入永達那年適逢稅制重大改革--最低稅負制，民國 95 年之前購買的保單身故受益金可全額免納入所得，規定一出，造成大量資金湧入保單，那一年是我從事保險行業第一次完成 MDRT；之後民國 98 年海外所得日出條款、101 年美金保單出世，少了匯率避險成本，預定利率來到 4% 歷史高點，每一次稅制或政策改變，都是體現保險從業人員市場敏銳度的最佳契機，能否順應時勢，掌握最有利的銷售商機。然而我在這幾年鎖定趨勢，幫客戶獲得最大利益，非常幸運順利完成壽險生涯中第一～三屆的 MDRT 榮譽。

　　2010 年第二次參加 MDRT 的美國年會時，我在許願板上寫下「我要達成終身會員資格」，其實心裡慌亂著根本沒把握，畢竟前三屆都是挾帶時勢和議題才順利達成，接下來呢？我思忖著如何調整我的行銷模式，才能讓自己年年都達標？對於有經驗的保險同業人員，永達是更具優勢的平台嗎？剛轉職的我著實經歷了一段撞牆期，把原本商品銷售的作業模式全數「打掉重練」，從思維到心態重新「歸零」。在以前的公司，大約每 100

人中只有一位能完成 MDRT，同樣的標準，同樣的榮譽，在永達卻是四人當中就有一人達標！著實令我震撼。如此懸殊的比例源於思維、商品定位、學習環境、客戶需求不同，集結所有的不同，最後結果也會有所不同。

幾經思索，針對達成終身會員這個目標，我總結二個方向：找到長久不變的銷售議題以及開發經營高資產客戶！關於議題，再列出六大項目，於日後海量且深度學習，同時不斷找客戶談論這些話題，蒐集市場上的反應，增加實戰經驗，並將所做所學製成課件，對內於公司早會，對外在各大金融專題研討會講課，滴水穿石，經過長時間的累積，漸漸駕輕就熟，因此在適當的狀況下，恰如其分給予客戶建議。

一、贈與：善用每年政府合法免稅的贈與額度，有效將父母的資產移轉至下一代，累積子女將來購屋或創業的財力，在每年年底時，適時提醒客戶把握時間，因為贈與額度無法累計至下一個年度；高資產客戶也可利用贈與稅和遺產稅稅率的落差，一年贈與 2500 萬降低最後遺產稅總額，省下了 10% 的稅金，做長遠佈局。

二、信託：除了說明信託架構外，確認客戶想了

解信託的原因為何？他想照顧的人是誰？用什麼方式照顧？想將資產信託目的在於管理資產？節稅？還是照顧子女？運用信託和保險結合，讓整個人生財務規劃更完整！近年來保單增加了類信託的功能 -- 約定身故金分期給付，避免受益人短時間內獲得大筆資產造成揮霍或遭人覬覦，能在身故後為家庭提供長期確定的現金流。

三、保單關係人檢視：首先，要被保險人不同人是最常見的問題，這樣狀況下會有什麼稅務風險？除了稅的疑慮，還有什麼人性面的問題須考量？關係人錯置應如何修正？受益人應該填寫誰？因為保單指定受益的功能可以跨越民法繼承1138條所定的繼承順位，將資產留給他心中真正想要照顧的人，至關重要。

四、意定監護：失能失智近年來逐漸成為備受關注的議題，根據內政部統計，台灣失智人口共約312,166人，佔全國總人口1.34%，亦即在台灣約每74人中就有一人是失智症患者。為破除現存法定監護制度的沈痾及限制，歷經十多年終於在民國108年5月24日立法院三讀通過民法1113-2條 - 意定監護，其意定監護可以導入專業服務，讓財產獲得保護，讓生命擁有尊嚴。以往的監護制度都是在成年人喪失意思能力後才啟動，鑑

於台灣已進入高齡社會，據統計每年監護宣告聲請高達六千多件，而法院須以受監護人最佳利益指定監護人時，不僅調查過程困難耗時，甚至屢屢產生家事事件訴訟。意定監護－意定就是照自己的意思定，開放當事人在意思能力健全時，自行選擇監護人訂立契約由公證人公證，替代法院依職權選定監護人，符合人性尊嚴及本人利益。有了意定監護人，法官會以該人為裁定對象，不僅節省很多社會成本，同時減少身心照護及財產爭管的爭議，亦可尊重當事人意願，是非常棒的制度設計。

　　五、傳承、預留稅源：保單可謂是傳承最合適且不可或缺的工具，不動產較現金部位多的地主和房東以及上市櫃公司的大股東，可預先估算資產種類及稅額，透過保單預留稅源，可有效於第一時間，讓繼承人無需等待登記繼承的冗長程序或焦急籌措資金，以保單快現金先行完稅。另一方面，保單不受拋棄繼承限制，可讓繼承人免去承接債務的憂慮。陳大哥是傳產老闆，每年公司收益豐厚，且購置不動產十餘間，在我提醒之下，陳大哥才知道若孩子將來要繼承他名下房產，需要先繳交遺產稅後，才能進行後續的流程，於是安排規劃保單，為日後高額稅金預做準備。

六、工作收入的保障：保單的雙豁免機制確保在失能時，未繳保費由保險公司全權負擔，還可在當下拿到貼現保費，安頓生活，保單原有的保障仍可維持，讓保戶方方面面都得到保護！對於高收入且同時身為家庭經濟支柱者，這項保險機制對他們無疑是完整又全面的保護網！

我的團隊優勢

從現實面來說，不論哪一行的行銷高手，普遍較缺乏帶領團隊的意願，永達則是從制度面做起，把「沒有意願變成自願」。藉由互助合作的平台，每天的早會練功，台上認真分享，台下不忘學習，團隊與團隊之間緊密交流，就像是幼兒園老師，是「一起帶小孩」成長，甚至「易子而教」的概念，大家有著「強棒無私」的共識，且貫徹執行。公司舉辦活動時，所有主管都要「當責」（accountability），意思是，必須有百分之百負責的心態，最終的成果必須最佳化。「當責」的定義，在於不能只顧全自己，要以團隊最大效益為考量，例如每年策劃會報，主管分成各小組，專精議題，彙整成「武功秘笈」，包括契合時事需求的新聞報導、法規等，問卷開發如何進行？可輔助工具有哪些？針對不同職業生涯的族群，必須有哪些應對的議題？例如退休教師、科技業管理層、醫師族群、高資產客戶等等。每當有人問我，永達推崇「共好」的企業文化，究竟如何詮釋？我認為「互助」才是「共好」的基礎，不藏私，不怕別人學，把個人的成功秘訣分享給大家，在互相競爭、學習的氛圍下，每個人都會進步快速，專業功力也越來越紮實。學習對方

的技術,共同追求榮譽,把成功的經驗,繼續傳承下去。

　　然而每個人都適合這個市場嗎?很多人說:我沒有高資產族群的客戶?試問,經營事業的開端是先有客戶還是應該先具備技術?如同醫師,先考取執照,後續培養看診治療的能力,病人才會掛號;又有人問,我那麼年輕,應該不適合經營高資產客戶吧?其實,無論汽車銷售或房仲業,都有市場區隔,比如車子的品牌與價格落差,難道年輕業務員只能銷售低價位的商品嗎?業務工作不應以自身年齡設定目標客戶,應著重於投入時間學習和歷練,提升自我談資及內涵。想法侷限發展,所謂「君子不器」,年輕人或許缺少社會歷練,但是在永達,成長速度會加快,藉由其他人的經驗分享,了解各行各業客戶的樣貌,在行銷上遇到問題時,也可以快速得到解答,很多事情不需親身經歷,而是從其他前輩和主管身上獲得養分。

　　如果問,永達平台帶給我們甚麼優勢?我認為,最大的差異在於,眼界不同,成果自然不同。組織發展最怕出現「跳蚤效應」,一旦主管把目標訂在低處,組員調整後適應,默認框架,自我設限,便再無超越目標的可能。身為管理階層,必須要求組員穩紮穩打,一步步

完成目標，在傳授技巧同時，觀察組員的盲點，因材施教，逐步達成 MDRT 目標。後進者，亦步亦趨，把各自的「武功祕笈」做成檔案，公開於平台供同事參考。另外，在永達，分組討論是進步的不二法門，不只分享心路歷程、心法與技巧，透過「六分鐘短講」濃縮內容，汲取精華上台分享，藉此訓練口條及台風，提升自信心與成就感，未來面對客戶時展現大將之風能侃侃而談，體現胸有成竹的專業形象。豐富的保險資歷，讓我有機會擔任講師說明商品結構展示，因此常受邀到其他團隊分享，教學相長，我非常珍惜每一次與同仁交流的經驗。為了呈現含金量高，同時提供更有成效的內容分享，每一回我都會重新審視自己的做法，審慎剖析一路走來的策略與技術，正因為這些過程，我必須不斷精進，所謂「付出者收穫更多」，也是我與其他團隊互動學習的寫照。此外，我非常重視夥伴所提供的客戶服務，倘若無法陪同訪談，透過案例研討，預演面對客戶的情境，同步實證傳授的策略，是否達到預期的結果，成或敗，都可以做為延續或研討的依據，提升面對客戶對談的能力，畢竟他山之石，可以攻錯。

我和先生在永達分工合作戮力同心，我負責行銷經營，他專注於組織領導，數年後我們建立了自己的團隊--

建霖處，同步晉升為業務協理，建霖處裡的成員有來自藥商業、銀行業、還有幾位跟我背景相同是有經驗的保險同業，感恩他們在保險生涯中一路同行，組員中有八成完成至少一屆 MDRT 會員，後進的年輕組員，雖然沒有豐富的人脈，藉由陌生開發醫師族群依然出類拔萃，大家共好共榮，建霖處更多次在永達高手雲集之下，獲得全國菁英盃處級組的殊榮。

　　保險這個產業的多元性，不僅讓我開拓眼界、收穫榮譽，同時平衡事業與生活；因為共好、互助、當責及樂於分享，個人和團隊屢創佳績，寫下不少紀錄，期望靠著努力不懈的自己，提升保險業務員的社會價值，保全客戶的資產與財富，成為榮耀團隊的「保險企業家」。得到之後學會付出，無論在金錢或時間的奉獻，還有經驗傳承，我相信未來一定有更多對壽險業抱持熱忱的專業菁英們，優秀的團隊規模持續擴大中，加入我們，共同培育擁有 MDRT DNA 的生力軍，一起打造黃金組合！

|李培甄|
選擇大於努力 格局決定結局

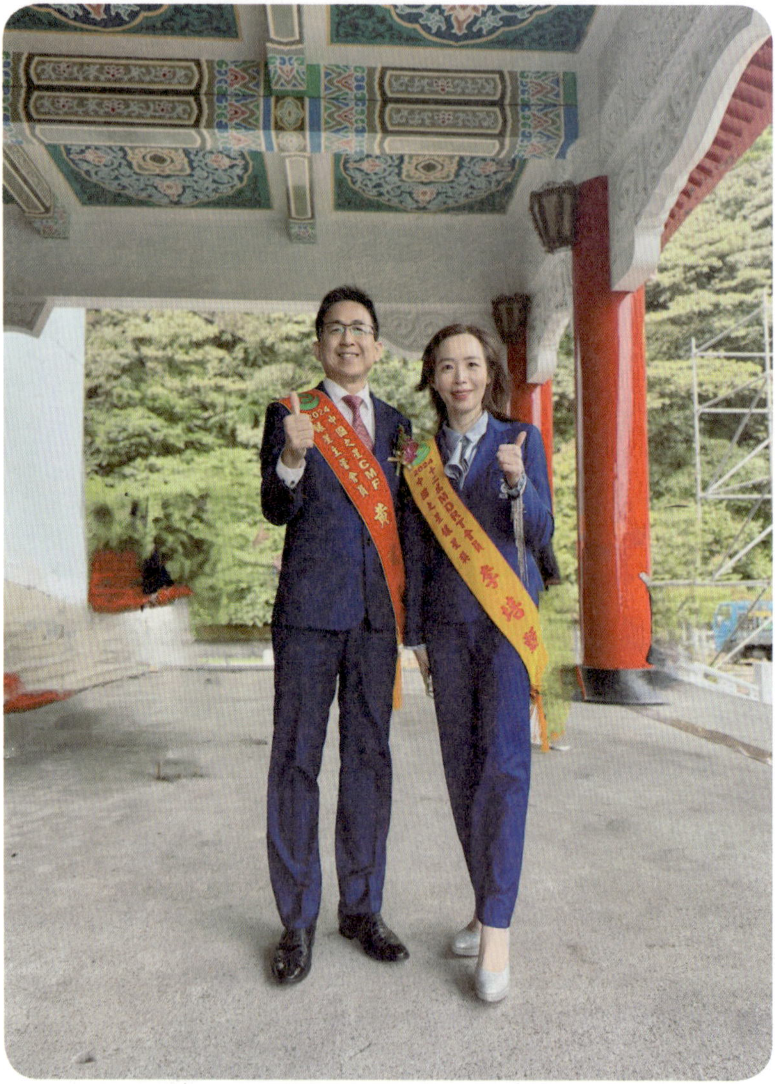

| 李培甄 |
選擇大於努力 格局決定結局

淬鍊！
讓平凡顯得不平凡

── 廖素蘭 ──

現任

- 業務協理

保險年資

- 十二年

得獎紀錄

- 12屆百萬圓桌 MDRT 會員
- 百萬圓桌 MDRT 終身會員
- CMF 中國保險之星
- CMF 中國之星金星主管獎
- IDA 國際華人龍獎
- 百萬菁英推手獎

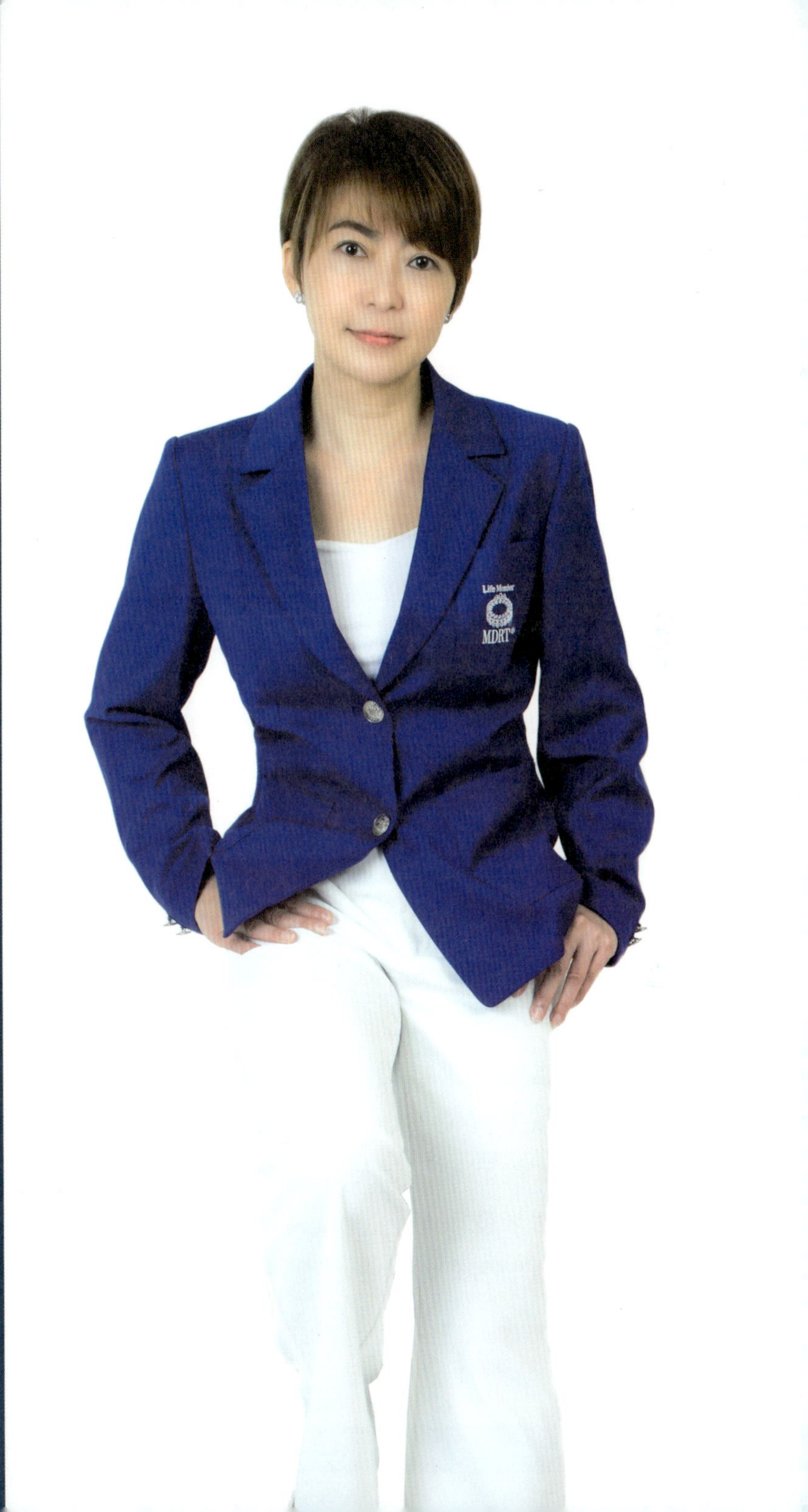
Life Member
MDRT®

業務在既定印象中都屬活潑、外向的個性來從事，認識我的人，大概都很難想像，尤其我還選擇最困難的業務工作－保險來從事。將無形的商品透過建立觀念銷售給客戶，轉嫁未來不可忽視的財務風險。業務工作，從來都不是我人生的選項，更不是我的職業志向，所以，學習「開口要求」這四個字，也是我進入行銷這行業之後，花很多時間去克服的「心中障礙」。

生於平凡的家庭，平凡的人生，出社會的第一份工作就是人人嚮往的小學老師，為了自己理想，可以培育許多優秀的莘莘學子每天充滿熱忱的心到校教學，即便讓自己上課說話累到聲音沙啞，身體疲憊不堪！當看到那些可愛的學生們，也會頓時感到舒壓許多，但好景不長，身體負擔卻是默默在警告自己。朋友看我這樣也不是辦法，勸我趕緊轉行，既然我的本職學能是商業，那就去報考銀行，或許是個不錯的選擇。

很幸運的，我順利考上了銀行，原以為每天三點半銀行就可以下班、打烊，哪知還要「抓帳」，一直忙到晚上九點才能回家，起初以為考上銀行就能穿著好看的制服，三點半就下班，豈知只是個美麗的誤會，但我還是很認真地學習新事物，主管每天都耳提面命：「不能

中斷學習，否則就會被行業淘汰」，或許是年紀輕的緣故，就把「努力學習」這段話聽進心裡了，即使後來換了公司，換了行業，我也始終保持學習的習慣。

用最快的時間，我歷練了每一項業務櫃台，以特優的成績，進入理財部門，晉升為「理財專員」，一度自以為沾沾自喜值得驕傲的職位，最後才明白這個崗位的本質是銷售，也從此被動走上「業務」之路。

原本多少還有些抗拒「業務」這項工作，真正執行起來才發現，每天接觸的人不同，金融商品也多元，很快就適應了工作內容，加上收入增加，慢慢地也不排斥了，原以為這工作應該會做到退休，哪裡知道命運之神又來跟我打招呼了。

當時雖然已是人人稱羨的飯碗，但後來金融體系制度的改變，我是理財專員，職責應當是幫客戶創造財富、守住財富，為客戶的財富準備好最安全的通道。怎麼會是銷售不完的配額商品呢？每周都有銀行包裝不同商品「必須」銷售配額的工作，究竟我是給客戶建議理財方向的專員或是聽從銀行需求的銷售機器？如果是後者，那麼我的工作價值是什麼？

再加上美國雷曼兄弟連動債事件，金融風暴的狂潮導致很多體系都深陷其中，客戶損失慘重，儘管我的客戶並沒有被波及，但仍然令我感到心驚膽跳，這次幸運逃過一劫，但下一次呢？如果在我退休前再來一次？兩次呢？我能承受？客戶能承受？面臨危機時，我靜下心來思考，儘管心裡存疑，在業務來往過程中，我和客戶依然建立了情誼關係，但是銀行著重在業績KPI，忽略客戶真正的需求，當我達到100%時，額度又會被往上提高，雖然我賺到錢，但從來無法安心出遊，每年我都希望出國旅遊，但幾乎只是「換個國家接同樣的電話」，根本沒有度假的心情，時刻身心都處在高度緊張的狀態。面對大環境的驟變，我的內心開始掙扎，告訴我必須要離開這個產業，好好地慎重思考未來的職業發展。

心態歸零 毅力要加倍

離開理財專員的工作，我要選擇哪種行業？此時，有家投信主管來對我招手，雖然相同都是金融業，但目標市場不同，對我而言，又是新的歷練，當時還發生一個小插曲，那就是以前銀行時期電話開發的客戶找到我了。

離開銀行後為了不想讓客戶為難，所以不曾主動聯繫客戶，有一天在捷運上突然接到客戶的妻子打電話來約見面，他們夫妻想瞭解我目前在哪工作？但這通電話徹底對我的銷售觀念起了極大的激勵作用。見面時，我為沒有聯絡解釋原因：不想讓客戶因為我換工作而又有業績的人情壓力，怕造成對方困擾而道歉；客戶卻說，「你就做你應該做的，我也同樣有選擇服務人員的權利，就算你的商品不是我需要的，沒有成交，我們還是朋友。」

聽到客戶說，「只是在做你該做的事」這一刻，彷彿醍醐灌頂，我忽然醒悟了，以往，我拿起電話邀約客戶時，內心總有一個過不去的坎，總覺得為了銷售商品打電話給認識或不太熟悉的朋友是一種打擾，讓我躊躇

不前的,其實是我對銷售定義的認知不足。

當時我還是投信主管,即使業務範疇與客戶的需求無關,客戶購買理財商品時,還是會希望聽取我的意見,有一回客戶讓我看看理財專員給他的建議書,我一看內容,忽然想起曾有人跟我聊到永達保險經紀人公司有相關課程,於是帶著一絲踢館的心態及對商品的好奇心決定先幫客戶去聽聽及瞭解一下,或許對這份建議書內容會有更深刻的理解。再給予客戶客觀的建議。

聽過多次永達的相關課程之後,回來與客戶分享報告,客戶反而希望我幫忙處理後續的保險事宜**「既然要買,我希望你就幫我處理」**,我的客戶對我這樣說,此時,月碧副總順水推舟,建議我,不如直接轉到永達來工作,不僅可以幫客戶,也可以幫自己,真正達到雙贏的收益。

就這樣,我進到保險業。從一開始抱著懷疑的心態,想知道保險是否真的有這麼好?

在懷疑中那一年,我完成了兩倍 MDRT!

這時我又開始思考,我來永達,難道就為了這一次的榮耀?於是,我跟自己私下約定,用一年的時間,完

全弄懂保險商品與配置，倘若失敗了，我就再回銀行投信業工作。

一年之後，我還是選擇留在保險業。

誠實的說，我很慶幸當年選擇做了業務工作，那些年積累的銷售經驗，讓我在轉換職業時，有了更多的機會，即便如此，我還是在陌生開發的過程，吃了不少苦頭。

因為只給自己一年的時間，我又不想失敗，所以非常努力。在銀行時期的訓練，讓我得到許多經營概念，於是目標客戶設定在高資產族群，加上稅務、信託規劃，以每一年都維持 MDRT 為目標。

一開始當然也有撞牆期，因為第一沒有客戶名單，第二必須主動開發，這又讓我產生疑惑，到底我每天八點三十至十一點在永達平台學會的一身功夫，何處是用武之地？聽話照做的個性，有同事建議陌生開發，我就開始沿路掃街，店家、醫院、工業區拜託路人填寫問卷，拿著簡報挨家挨戶去分享，因為怕吃閉門羹很丟臉，也不敢攜伴同行，一個人跑去荒蕪的工業區，找鐵皮屋裡的工廠老闆讓我做一、二十分鐘簡報，雖然拜訪率與成

交率不成正比,但是練出膽量來。

醫師的門診時間長,就得利用中午休息時間,或是晚上休診之後,如果醫生已經很疲憊了,也不能談保單,只是持續地讓客戶看見我,記住我,為了不浪費這一年的時間,我不僅在永達認真聽課,也自費到外界去學習銷售相關專業,持續學習,就是持續練功,不論做哪一行,失敗的機率就會更小。

學會的 就是本事

從事業務工作最需要的就是膽識及平時不斷練習的業務底氣,陌生開發練出來的膽量,就足夠讓我保持每一年都拿到 MDRT,也是言過其實,因為一件事情成功了,背後肯定有著千絲萬縷,才可以交織成網,我真心佩服所有可以在保險業堅持下來的業務前輩,真的都很可敬,這是一個需要不斷成長及學習的工作,才能佔有一席之地的行業。

對於保險業務初生之犢的我憑藉一腔熱忱來到永達

學習平台,但真正讓我能存活下來的,其實是紮實的教育訓練。從稅務、資產保全、財富傳承,每一領域都非常專業,每一門課程都非常深奧,在學習的過程,讓我忘記了膽怯和焦慮,因為專業知識豐富,面對客戶時底氣就足,信心就夠,我的業績有大部分都是靠著學習了理財稅務的課程而來,也因為永達學習平台,讓我打開了視野,不論是人際交流,或是事業經營,甚至是生涯規劃,我都有了明確的目標與未來願景。

永達學習平台教會我的「功夫」,讓我遇到挫折時,團隊高手給予解答,業務開發中遇到問題,也有人幫忙解惑,在這裡,每天都看到有人「報件」,同時也激起我對成功的渴望,平台不只給實力,也提供友善的環境氛圍,相互學習共同成長,如果以二八定律來比喻,永達就是保險從業人員的20%,造成差異的原因,就在於平台的定位不同,專注於退休規劃及資產傳承。永達月碧區塊,有來自證券、銀行、投信、代書、會計師、律師、不動產仲介、藥師,匯集各行各業的高端人才,顛覆一般人對於從事保險事業的人學歷認知。原來從事保險事業竟能匯集了眾多高學歷及經驗豐富的人,而每個人的專業養成不同,這樣的人才組合,也造就不同的職場氛圍,好的環境讓我成長學習更多。

強調「共好」的企業文化，給予新人很好的起步，主要是這樣的職場文化讓我感到安心，大家互相幫忙、貢獻、配合度極高，透過上台去分享成功心得，針對議題承擔講師任務，每個人都貢獻一己之力，不斷反覆練習，團隊當然就會更好。

因為平台給了我勇氣和底氣，當我成熟了，也就給予平台相應的回饋，任何人都有一個共識，遇到任何問題，只要我願意開口，每個人都願意來幫我解答，這種緊密交流的情感，即便我後來成立處單位，有了直屬團隊，和其他人也沒有「分家」的感覺，反而建立更緊密的合作關係。

實踐「共好」，就是命運共同體的概念，所有團隊之間，動靜都息息相關，你好我就好，彼此受惠，這就是「共好」，拋開個人成見，接納其他人的建議和分享，我認為，能落實「共好」的關鍵，就是彼此尊重，這是基本態度，大家聚在一起時，就像一把火，為彼此帶來溫暖和光亮，分開時，每個人都是閃耀的星，都是精兵，能獨立作業，也能成為別人的導師。

為我開拓視野的貴人

在永達學習平台十二年業務工作裡,要感謝的人很多,有主管、有同事、當然也有客戶,就像當初打電話給我確認,究竟是誰打了這麼多電話給我的客戶,就是我最重要的貴人,不僅鼓勵我,也給我許多機會,讓我看到不同的視野。

在保險業,送大小禮物給客戶是常態,這位貴人客戶卻婉拒,原來是體恤我的那份心,因此,我無論如何決不錯過父親節和母親節送禮給這對賢伉儷,對我而言,不論是事業發展或人生道路的啟發,都像是我的再生父母一樣重要,並且珍貴。

大哥告訴我只要我把該做的事情都做好,哪怕是任何因大環境造成的問題,或是系統性的風險,都與我無關,他會客觀評論。不僅於此,更在業務工作給我支持,在事業上讓我看到宏觀的格局,讓我相信,原來努力會有回報,就因為這樣的信念,在我遇到挫折時,轉化成很大的支持能量。

這個例子，也是此後我在遇到挫折時，隨時拿來激勵自己與夥伴的良方，它告訴我，每天該做的事情持續做，甚麼時候會發生效應，就交給時間，永遠不要放棄耕耘，每一粒種子發芽的時間或許不同，但是沒有播種，就不可能有看到收穫的機會，調適好自己的心態，持續堅持做對的事情。

　　當機會來臨時，把握每次機會。每當被問到「華麗的業績」時，我就會把故事再說一次，那是一個陌生開發的案子，同事來找我合作共同市場開發，看好一些店面可以開發，希望搭配我的親和力，相互配合，共同經營店家，等與客戶熟識了，自然也聊到一些客戶的家庭成員，進一步瞭解客戶需求。

　　後來店老闆的女兒結婚了，順理成章又認識公婆，有時也會向我們諮詢市場現況，例如美元走勢，保單檢視議題等，慢慢地開始詢問我意見，希望我推薦商品，漸漸就變成全家服務。從陌生開發、認識、分享、交流、熟識彼此，從年輕一輩慢慢認識到家族長輩，不同年齡，有不同的需求方案，我和同事一起去做簡報，那場簡報，也讓這一家族體認到，永達保險經紀人和傳統保險業務員的不同之處，透過市場定位及清楚了解客戶需求後，

成交了長年期保單，後續做資金的重置規劃。從陌生開發的案例，最後獲得客戶的信任，除了我的親和力，當然也要歸功於同事的講師專長，相互配合並以流暢的表達擄獲客戶的聆聽，我們的默契及分工合作也能即時回答客戶提出的問題，充分體現出專業形象。而這願意給我們機會的一家人及慧眼識英雄的同事對我來說也感恩於心。

篩選資訊 適性才會擅長

從陌生開發、轉介紹，有順利成交，也有難以突破的案例，這時開始思考，永達平台的課程這麼多，有不動產稅務、總經時事、理財規劃、個人稅務、公司稅務等很多項目，究竟要如何使用讓我又茫然了？

我向來是用功的學生，每一天早會學習，都認真地記了很多筆記，哪些才是我用得順手的？即使我還不會使用，但就是想要，生怕漏掉實用的絕招，有了這樣的焦慮，我才開始梳理，找出自己適合使用的方式。台上每一位分享的成功心得，都是出於分享人的特性，那些

分享人用起來行雲流水的招式，可以學習，但真正用起來，真的適合自己嗎？

舉例來說，有一回我聽到台上講師分享某種技巧，內容是「適當地開口」，大意就是，提醒客戶持續加碼來成就個人的業績。對我來說，向客戶開口要業績，這簡直就是天方夜譚，我是典型處女座，自尊高，要開口，根本拉不下臉。

但是看台上分享者的神情，一切流程都是如此巧妙而自然，那一刻，我被打動了，聽完這堂課，我覺得也應該嘗試看看，現在想想，就像是拿到駕照立刻去飆車的心情。果然，一開口就被客戶拒絕了，那是我業務人生中第一次也是最後一次主動開口請求，雖然是意料中的事，但是我感到非常受傷，比起被拒絕的沮喪感，更令我難以釋懷的是，自認拋下尊嚴而不可得的羞恥感，很多身為銷售應該具備的心理建設和柔軟身段，在當時的我，就是過不去。

整整一周，我被羞恥感與愧疚感折磨得輾轉難眠，我日夜思考問題的癥結，最後決定回去跟客戶道歉，誠懇地表達我內心的感受，在我開口的那一刻，我想到的

是，成就我的MDRT，忽略了更重要的是，我來到永達想要實踐「以客戶的需求」的自主性，某一個時間點，我迷失了，MDRT的追求大於我的保險理念，這正是我感到羞恥與愧疚的原因。

因為這樣的反省，我釋懷了，客戶也釋懷了！

而「**希望客戶成為我的貴人，成為我人生當中的那塊重要拼圖**」，這些華麗的詞藻，我從課堂上學來了，照單全收，背書似地，在客戶面前說出來了，這就是「用了不適合」的表達模式，換句話說，課堂上老師分享的案例，可能包含與客戶的情誼，客戶當時的資金配置，更重要的是，提出吸引客戶的規劃方案，但我領略到的，只是粗淺地說漂亮話，以為就可以打開客戶的荷包，這根本是初學者的盲目自信。雖然夥伴安慰我，金額很大，被拒絕很正常，但我仍把這件事情看作是「保險之路」的巨石，不是花力氣搬開，就是累積跨越的能力，才有機會往前走。

失敗向來是最好的老師，這件事給我更大的啟發，就是課堂上的內容，真的要照單全收？所謂「過與不及」，與其抓了就用，不如好好地篩選出適合的，經過

長時間反覆練習,每一次都做好準備,用製造業的術語來說,就是提高良率。

莫忘使命 樂於工作

從另一個層面來說,我究竟能不能從工作中,獲得心安理得的快樂?重新為這份工作找到定位,我做不來的,就捨去,擅長的,就放大,這個領悟過程,其實和求學也很像,好比去上補習班補數學,通常是成績不好才會想去補習,但是數學不會就是不會,怎麼補分數也難以提高,那些數學很好的人,聽課堂老師教的概念,立刻就舉一反三,明明同一位老師教課,學生的成績還是有落差。

承認做不來,永遠比裝懂,更帥氣,東施效顰是罵人的話,在我看來,是最好的提醒,當我們去學習別人時,要先檢視自身的條件,羽量級和重量級的差別,從外觀就能輕易辨識,想要成為重量級人物,鍛鍊之餘,還需要天分。

就在那樣的時間點，才讓我重新去面對，我真正適合的方式，這樣的醒悟，也讓我在面對像我一樣曾經迷惑的人，可以提供更客觀的建議，依據自己擅長的特質做調整，把自己的優勢放大，做不來的，就瀟灑地捨棄了。

　　我認為，做任何事，重要的要保持優雅從容的姿態，如果一件事情讓心理產生過度的負擔，那就停下腳步先聽聽內在的聲音，也許是練習不足，也許與本身個性相違背，表達起來特別彆扭，更別提信手拈來說服客戶，所以透過自我訓練的方式，營造讓人感到舒適的談話氛圍，才是促成締結的利基。

　　無庸置疑，保險業是高壓的工作，心理素質必須強健，挫折的耐受力要高，我的建議仍然是，過不了內心的坎，就不要輕易出招，立刻會被看破手腳，每個人的養成背景不同，能力也因人而異，唯有先認識自己，用對的方式練習，才有可能面對未來可能發生的問題，並且見招就懂得拆招。

　　保險業的特別之處，需要組織發展、建立團隊氛圍、發揚平台力量，但沒有職場的實質約束力，換句話說，

能不能成功、要不要成功,全憑自我管理,因此,主動、自律就成為業務員邁向成功的首要選項。

永達學習平台有一套培養成功的流程,「甚麼時間該做甚麼事情」,規劃得明明白白,課程精實,執行力高,新人依據團隊給的工作指令,反覆練習,就能練成一套工作模式,做了或許無法100%成功,但是不做就連機會都沒有了,甚至機會來了,也把握不住。

自律很難,所以需要他律的制約,每天八點半開始練功的時間,這是**用個人想成功自律的精神搭配他律效應造成規範**,進一步養成習慣,加上月碧區塊是永達平台業績中最好的單位,績效效應自然形成一種「難以抗拒」的敦促力,好比前段班的學生,在學校和多數人比成績自然不會太差。

團隊訓練在每週四有六分鐘的上台簡報,依照題目,在短時間整合相關內容,說出精煉並且有邏輯的財經分享,這種訓練很精實,台下的人,看到台上的人表現優秀,心裡也會想,我該好好練習了,這就是環境氛圍的影響。置身優秀的團體,發現身邊每個人都很優秀,就會擔心自己的準備不足,所以練習很重要,主管(教練)

也很重要,要陪著去見客戶,也要陪著練習方案規劃,檢視問題,建議和客戶談的內容,這段期間就像畢業前的「實習」階段,等到上台分享,就是檢視努力的成果了,表達深刻,邏輯分明,就可以進入市場去接受考驗了!

不斷學習 是追求成功的基礎

追求成功的企圖心人人都有,都說「寧為雞首,不為牛後」,誰也不想吊車尾,團隊有成功計畫書(工作日誌),每天照著計劃走,就是邁向 MDRT 的成功路徑,大家都是成年人,選擇了這項職業,就應該做出成績來,因為最直接受惠的人,還是自己。

保險業的人員流動是常態,很多人一開始懷抱對未來的憧憬,肯努力,加上謹慎自律的行事作風,成功指日可待,否則,很容易被行業淘汰。進入市場之後,時間管理,形象管理都很重要,我個人是從行銷端,邊做邊學,現在要發展組織、增員、培訓,所有管理專業都需要學習,永達採取水平時間管理,所有人一起培訓,個別需要時,也有一對一指導,對我來說,發展組織一

開始很像是學習當媽媽的過程，焦點全在孩子身上，把所有時間都貢獻出來，做為團隊領導，其實更應該以身作則，所以我把時間分配出來，學員知道那些時間可以諮詢，那些時間一起練功，那些時間各自出門打拼，用我的行動力和執行力，讓學員學習到時間管理的重要性。

保險這一行，形象管理非常重要，之前平台也邀請服裝儀態的專業顧問來講課，實務上要注意的是，呼應客戶的品味，服裝配件即使單價高，也要掌握低調內斂的原則，好質感是各種品牌的共同指標。在永達平台，有各種不同類型的人，都是學習的標竿，從談吐、衣著、儀容、表達，多觀察多請益，每一個人都是很好的老師。

感性和理性的策略，要如何交替應用？如何在最短時間來了解客戶？如何觀察？每個人的方法不同，以我的經驗來說，我是一進客戶辦公室，就會從細節處觀察，公司規模、辦公室裝潢（客戶品味），屬於低調或高調，辦公室有沒有放家人的照片，照片是以哪一位家人為主，獎牌有哪些（可以看出經營或喜好），綜合以上觀察得來的線索，就會開始提問，經由談話來了解客戶，這就是KYC（Know Your Customer），一般來說，在短時間了解客戶的需求，以轉介紹最快，通常介紹人也會大致提

供客戶的背景資料和需求，因此，每一個認識的人，都有機會成為客戶、介紹人，這也是世人常說，人脈就是錢脈的來源。

保險商品大同小異，想要在市場是異軍突起，差別就在於規劃方案。依據客戶的需求，規劃出可保值或增值的方案，通常成交的機率就很高。相反的，如果客戶對「保險」仍存在刻板印象，抱持反感的態度，那就沒轍了。

對客戶來說，商品種類和買保險是同一種，是「業務員想賣的東西」，內心就會產生抗拒，這時我要做的就是，把這樣的觀念打破，把兩者分開，差別就在於，客戶看見你，就是要來賣我商品，內心立刻產生抗拒，如果看見你來，是要來想辦法幫我分擔風險，增加利益，自然就會先打開心房，聆聽建議。

總結來說，信賴關係需要更多時間去培養，成交的三項關鍵，包括我們公司印象好，擁有正確的保險觀念，從相處的過程，就要架構這兩項，接下來是商品（規劃方案），也就是品牌、商品、業務員這三條線，都必須是滿分才會成交，與客戶交流的過程，都不能脫離這三項關鍵。

經營是哲學 也是使命

即使我面對一個不需要商品的人,仍然可以跟對方分享我的專業,讓對方成為轉介紹的人脈,透過對方的人脈,來拓寬我的客戶群。

經營客戶,分為感性需求和理性需求,感性需求是客戶投緣,主要來自形象管理,在高調的客戶面前不能太樸素,低調的客戶就要穿著簡單舒適,拜訪客戶時,第一次見面要控制時間,不要講不停,即使客戶不排斥,但下一次想約訪時,客戶就會容易遲疑,擔心占用太長時間。

保險業流行三節送禮,我認為,比起送禮,送甚麼禮,甚麼時間送禮,才是學問。我的作法是「想到適合的就送」,例如看到客戶家族成員多,我會送特別挑選具有寓意的茶具,每一個杯子有著不同圖騰,全家歡聚時就可以使用。「想到就送」最大的意義在於,創造收禮的驚喜體驗,重點不在於是否名貴,而是「送禮送到心坎裡」。就像是送禮給好朋友,總是要精挑細選一樣的心情。

另外是服務的品質，做的要比客戶想到的多，與客戶約見時，董娘在場，就必定以董娘為主角，凡事都要給予尊重，送禮時，也要以董娘為主，太太被尊重，先生更有面子，這就是政治正確，也是影響成交的重要關鍵。

成交的基礎是信任，有分為人格信任和專業信任。人格信任，包含正直、誠實、責任感和自律，都必須經由相處才可以顯現出來。專業信任，則包括溝通能力、專業能力，兩者都很重要。

如何把專業知識內化成「容易理解的話」，對我來說，就是「慎始」，謹慎的開始，不論是行為或表達，都要很謹慎，有些人會以為想說甚麼就說甚麼，豪邁瀟灑，不拘小節，但有時說錯話會變成口無遮攔，不經意就傷害了別人，所以好好說話，把話說好，說明白，就是良好溝通的開始。

永達學習平台強調「共好」，人和人之間產生良好溝通，潛移默化，就會被環境同化，當然，一群人裡面可能也會有個性特別不隨和的人，雖然觀念不一致，我們還是先從看別人的優點開始。

很多人認為,做業務需要「狼性」,業務員要如何克服內心障礙,理解需求?客戶給我的啟發是主動開口,因為主動權還是在客戶身上,至少要做到積極性的善意提醒,並且客觀分析建議。我在台新銀行時期曾有過這樣的經驗,有位客戶剛好談起要出國旅行,當時旅遊平安保險,保費便宜有保障,聊得開心又有需求,客戶就爽快地買了。

隔了不久發生大園空難,罹難名單出來,我們去聯絡客戶的家人,這才知道留下兩個18歲以下的孩子,一張旅平險,一段閒聊,加上一句可有可無的要求,卻改變了兩個孩子免於困苦的命運,這就是保險賦予最大的意義與功能。

還有一個例子,也是在銀行時期,某天和貴婦一起逛精品店,開心聊天,我建議對方做保險規劃,但是貴婦認為報酬率太低,沒有同意,過了沒幾個月,貴婦哭著打電話給我,原來國外的資金都被朋友捲走了,為了這件事,先生氣到進了醫院,工廠需要營運資金,只好開始出售不動產,想起我當時的建議,貴婦非常後悔沒有及早做資產配置。

在這個案例之前,我即使在銀行銷售金融商品,也

總擔心向客戶開口，對方會有壓力，會造成人家的困擾，經過這兩事件發生，我認為，身為保險從業人員，我們擁有的專業知識應該會比客戶更多，善意的建議和提醒，是職責，也是工作使命。

每一個年齡階段 都值得被培養

傳統保險業強調增員，永達強調培訓，兩者最大的差異是，不只把人找進來，更要具備把人「留下來」的條件，人人都有機會成為 MDRT 終身會員，這不僅是個人的成功指標，也是拓展組織的目標。

由於進入永達的一年就拿到 MDRT，我對獲得這項榮譽並沒太強烈的感受，主要是團隊中有很多人拿到 MDRT，我以為這是必須達成的成績，好像就是考試及格的概念，後來才知道代表的意義是「全人生活」，除了榮耀，更是收入的表徵。

如果說年年拿到 MDRT，對我的人生產生哪些具體的影響？當然是可以真的享受全人生活，而最直接的就

是體會到「用錢的自由」，好比看見窮苦的人，如果沒錢，就只能心疼落淚，但是我有錢了，就可以給予幫助，這就是有錢的優勢。收入更好，除了滿足個人及家庭的基本需求，我也想為社會做事情，也更有能力、更有時間去幫忙弱勢群體，去陪伴失親小朋友。沒有忙於生計或糊口的焦慮，我可以帶著家人四處旅行享受生活，我可以投資自己往外去學習，定期到歐美國家去看不同的文化，看到世界這麼大，就越發覺得自身的不足，回來就會更努力，這是一種正向能量的循環。

永達的 MDRT 計算標準，也和其他保險公司不同，不僅保費要達標，收入也要達標，主管認為，MDRT 不能只有名，還要有利，要做到名利雙收，才稱得上成功！有名有利，可以盡孝道，可以幫助其他人不為錢所困窘，可以做更多我想做的事情。後來 MDRT 就成為基本目標，年年拿到 MDRT 是自我肯定，也是自我實現。

在永達 12 年了，從一開始戰戰兢兢，一心要把所有功夫都學到位，後來懂得篩選「適合自己」的工具，過程變得熟練的關鍵，就是不中斷學習的熱忱，求新求變，就像在台新時期主管的名言，「對應時代的進步，要像坐海盜船一樣，跟著船身一起搖擺，才不會被時代

淘汰」,當時大腦就已經建置危機意識了,不進步,就等著被淘汰,以結果來看,正因為永達平台是強調不斷學習的環境,我才可以如魚得水地悠游其中吧!

我們談平台,著重在環境和人與人的相處,區分成看得見的,教育訓練的平台,不可見的,就是環境對人的薰陶,從很小的點拓展到大的面,最後所有人身上實現。「共好」是一種理念,需要長時間執行才會形成文化,永達平台已經具備這樣的特質,我在永達平台受惠,實現全人生活的目標,未來也希望複製我的成功經驗,帶領團隊夥伴共同成長,我們不僅共好,更要共榮,一起成為 MDRT 的優等生。

你的定義就是你的世界

　　保險業是一個很特別的行業，只要肯努力付出就可以改變收入，翻轉認知、開拓眼界，所以它適合每一個想突破現狀，不甘平凡的人。

　　保險賣的是看不到觸摸不到的無形商品，一個外界可能不討喜甚至有所誤解的商品，所以它適合每一個有勇氣承擔，願意付出的人。

　　偏偏保險又是一個跟人與緊密聯繫的工作，所以需要學習十八般武藝，讓你有更多不同的觸角及面向與不同的人交流，所以它適合每一個熱愛學習的人投入。

　　在我的人生旅途中之所以能夠一路突破重圍，把很多世俗認定的應該變成不應該，重點在於我從不局限在自己小小的思維裡，有時奮力突破現況，有時卻欣然接受上天安排，從中去體驗不同美好人生，從而認識原本未知或誤解的世界，自然就能看出原來安排的一切都是好的，都有美意隱藏在事情的背後。平時保持開放的心態，活在自我提升之中，不把自己束縛在僅有的認知裡，

突破認知的重圍才能面對更大的世界，擁有更強大的力量去因應未來。就如同我進了保險業打破了我對它的認知，也重啟了對它的尊重。

　　回想走過的路，若按著原來計劃，當初如果堅決抗拒不和業務有任何關係，也沒人能改變我甚麼，或許我現在依然是一位老師，雖然也沒有不好，但我更感謝後來的自己從抗拒到願意嘗試改變，讓我的人生沿途有著不同的風景，原來業務和我想的很不一樣，收入與付出成正比賺到的不只是錢而已，「業務能力」更是可以在任何工作中都活用的技能、所以生命就是如此，你如何對待生活，生活就如何對待你，你如何對待生命，生命就如何對待你。

　　家人的定義，有時無關血緣或法律，而是情感連結的強度，我的團隊就如同我另一個家人及重要的使命，所以我想立業更想安家～因為屋裡的每個人都用心付出，燈下凝聚接納，讓我們安心面對所有，因為心安定了，所以力量變大了！有溫度的家，也成為強而有力的後盾！

　　理解～重整～安和～我努力成為安家的女主人也期許未來團隊中的每一個人都能成為每個家中，安家的主人及女主人。而每一個我們所守護的客戶們，都能在面對多變的環境下順利的積富、致富、守富、傳富。

你相信保險業務員嗎？你討厭苦口婆心死纏爛打的業務員嗎？當你打開電視、打開網路或打開大門走在路上迎接你的就是你必須主動性消費，或被動性消費，全世界的訊息不約而同都在鼓勵人消費，唯有保險在鼓勵人累積資產，存未來要使用的錢，存未來保命的錢，存未來安排規劃的錢，因此保險業未來需要不向命運低頭，著重使命感，驅使努力在這個行業持續發展下去的人加入。更期許勉勵保險業未來可以更好，帶給夥伴及客戶更大的價值。

|廖素蘭|
淬鍊！讓平凡顯得不平凡

跨越零下的障礙

索娜

現　　任
- 永達保險經紀人業務籌備協理

保險年資
- 十三年

得獎紀錄
- 美國 MDRT 百萬圓桌會員連續十二屆
- 中國之星 CMF 業務員組銀星獎
- 國際華人龍獎 個人組 IDA 銅龍獎

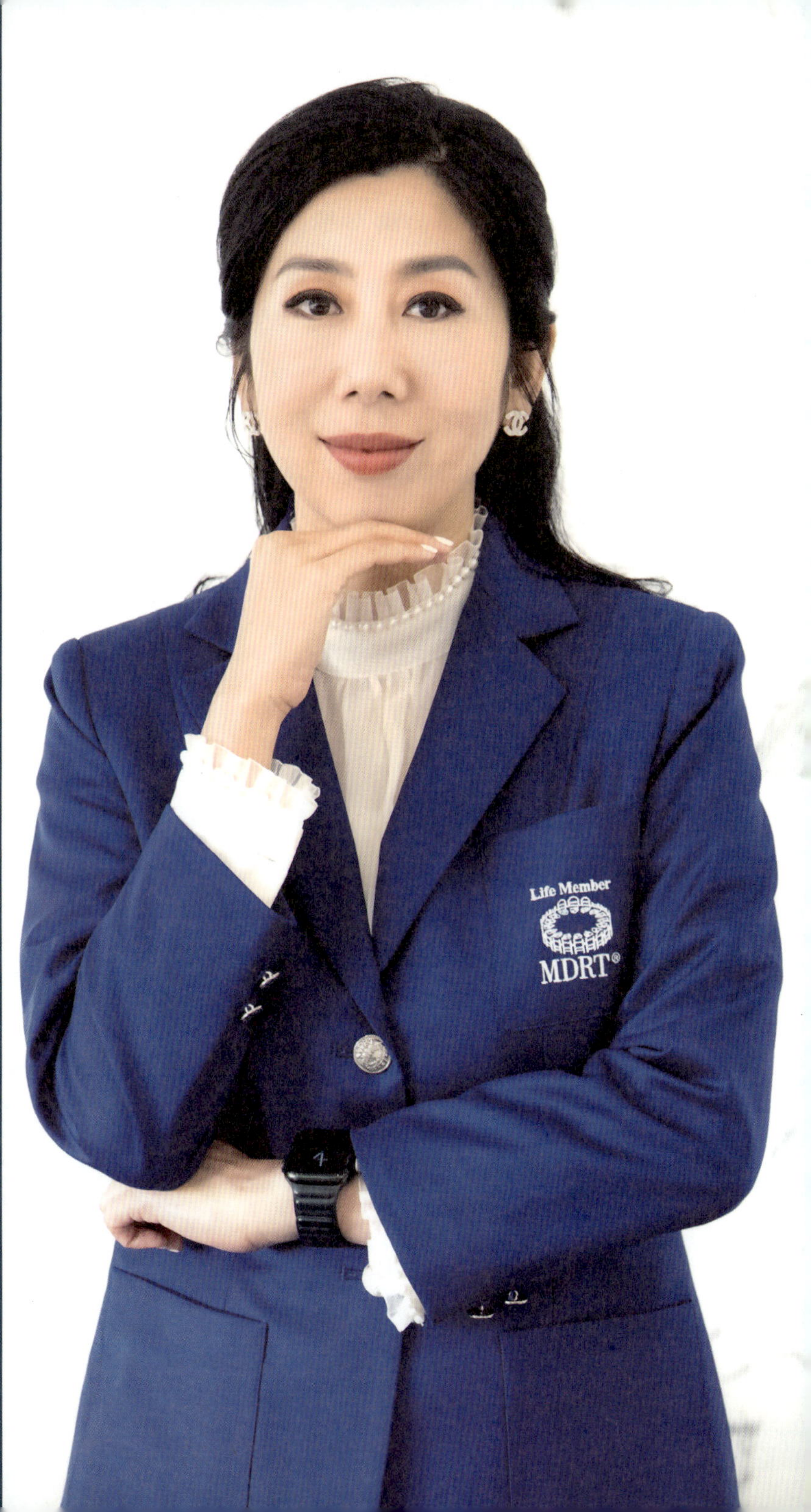
Life Member
MDRT®

「人生有永達，萬事都騰達」，這是永達保險經紀人公司 2023 年增員廣告的 slogan，在影片中出現的這段話，不僅是廣告台詞，更是我的真心告白。

就如同影片中所說，我從大陸嫁到台灣，沒有人脈背景，從零開始努力耕耘，因為永達有最扎實的訓練系統，讓我從保險新人一路成長，連續 13 年達成 MDRT。

來台的第一份工作

保險經紀人公司從業人員，是我來台的第一份工作，也成為我人生的志業！

從東北瀋陽嫁來臺北，聽不懂台語，繁體字不會寫，沒有人脈，又是保險小白，這四點就足以將我拒絕在保險公司業務員之外，面對職場的選項，某一刻，我甚至懷疑，我是誰？然而這 13 年來，我年年取得 MDRT 的好成績，最大的關鍵，是我選對了平台。

開始保險業務的第一步是列客戶名單，我立刻面臨

四大困難之一：沒有人脈，那就走陌生開發吧！市面上不是有很多銷售工具書，都在說「超級業務員都贏在陌生開發」但是市場那麼大，我要去哪裡做陌生開發呢？

當時我就是用「談人的一生」來開啟與陌生人的話題，尤其以同為女性的角度，談家庭經營，健康管理，更重要的是，從現在開始累積未來的退休金，在看似家常的對話中，提醒每個人都應該做好預先規劃，而保險正是累積財富的優質工具。

既然人脈是我的罩門，那就得先突破這一關，所以我就從生活中會接觸到的人開始談，談退休談保單規劃，反正能不能成，總得先說，才會有機會。

我在很多例會中分享過的案例，是我第一年就取得MDRT的傳奇故事，那就是把握去接孩子下課的時間，和幼兒園老師們分享保險觀念，時間久了，老師們對我產生信任感，最後促成保單的過程。這家幼兒園，是我陌生開發成交的第一例，那一年的12月31日，對我來說，是重要的里程碑，那一年，我達成MDRT的關鍵，就是這家幼稚園園長和十三位老師，這也是我從事保險經紀的第一篇章，也是第一年達成MDRT的總成績。

第一次幫客戶做實質的保險規劃，深刻體會到保險經紀人公司從業人員比傳統保險業務員更具優勢的主因，就是我們握有更多適合客戶不同性質的保險商品，打破客戶「貨比三家」的心態，只要客戶願意聽，我就認真講，仔細分析，除了熟悉度和信任度，規劃方案也必須具備市場競爭優勢，客戶才會願意買單！

締結第一個案子，帶給我非常重要的激勵和啟發；原來出於善意的舉動，同樣可以獲得善意的回饋，我的工作不僅是保險經紀人公司從業人員而已，更是別人生命故事中的一角，專業帶給客戶更周全的安全財務規劃，這也是保險經紀人公司從業人員工作的價值所在。

保險小白在第一年就交出好成績，對我而言，是激勵也是動力，為了保持好成績，我必須更快學會台語和繁體字，居住在台灣，會說台語，生活上總是多了一些便利，尤其很多企業主，部分習慣以台語交流為主，學會台語對開發業務及溝通也有幫助，所以就跟著婆婆開始學台語，過程中也產生很多「笑果」，後來這種不流利的發音特色，和客戶交流起來反而多了一份親切感。

不在台灣長大不知道學台語寫繁體字是件難事，但

是願意開始就會有改變，任何功夫都是熟練了，才可以應用，否則就會變成半吊子。

台語學會了，繁體字學會了，這些都是努力就可以跨越的障礙，但是有一個改變不了的現實問題，我是「大陸人」。

客戶會質疑，即便台灣人面對保險工作，能夠熬過六個月的也是鳳毛麟角，更何況我是大陸人，如何能勝任如此艱難的工作？會不會受不了挫折一溜煙就跑不見了？事實證明，我來永達十三年，這是我嫁來台灣的第一份工作，也是從保險新人起跑到現在，持續 13 屆 MDRT 百萬終身會員，真正能支撐我堅持下來的關鍵因素，就是我重視對客戶的承諾及客戶對我的信任。

別看我連續十三屆 MDRT 達標，客戶經營好像得心應手，這期間為了好還要更好，十三年從不缺席早會，不停止學習，甚至每天告訴自己，多花一小時去學習其他同業的能力。除了向內部學習，也不忘了向外部學習，即使內部已經學到七分，就要向外部學習缺少的三分，不論在哪一個行業，都是高手輩出，我深知停止學習，等於把自己置入被行業淘汰的風險之中。

強調「在內學好專業，在外分享專業」，是永達平台的宗旨，從第一年拿到MDRT，此後就以這個榮譽為目標，每年制定計劃表，然後按日、月、季目標進度來執行，關鍵的是週一的狀態，決定一周的狀態。過好每一天就是過好這一生。

例如我訂定「30個陌生拜訪，10個轉介紹，20個退休單，10個稅務單」，按表操課，做好計畫了，執行起來就顯得從容，目標訂定要夠高、夠硬，這樣的規劃除了可以激發潛力，最後就算達成目標三成，也足以輕鬆拿到MDRT的榮譽。

學習聆聽 懂得提問

阻礙自己前進的，往往還是自己，聽起來老生長談，但也是很多業務員的生命寫照，我常說挫折有兩種，一是來自客戶的拒絕，一種是自我的心態。

當我被客戶拒絕感到沮喪時，我就會提醒自己，失去的只是暫時尚未成交的保單。

對客戶來說時間最寶貴，客戶願意花一小時聽我說明，先決條件就是信任我，只是此刻的規劃，還沒有對應到客戶的需求，此時，我們也要檢討自己有哪些不足，導致無法成交，或是客戶目前的資金不方便，或是規劃不理想，或是說明的內容不詳細，客戶不理解面對可能的種種情況，要給客戶多一點時間考慮，也給自己時間做修正，最好請教客戶今天我所分享的內容，還有哪裡需要補充或改善，誠懇的態度，會讓客戶說出真實的情況，所以在這種時候，唯有更增加自己的專業，讓優秀被看見，最後客戶也會選擇你。

選擇任何工作都有難以跨越的門檻，保險業最難克

服的絕對是心態，就像我最初聽到別人對「大陸人」質疑，也不免會自我設限，總覺得客戶的拒絕是因為不信任我，然而；「只要我願意努力，全世界都會來幫忙」，妳來自哪裡？妳的過去背景？妳的學經歷？從來不是設限自己成長的理由。當我突破這層心理障礙之後，就好比破繭而出的蝴蝶，市場之大，任我自由飛翔。

我的客戶幾乎都是女性，偶有幾位男性也是客戶的配偶。男性客戶在投資喜好上偏向股票，我就會建議，把每月撥出一點預算來買保單，萬一股票失利，保單還可以保住資產，保單受益人指定太太，這樣是安家，通常男性客戶都不會反對，這個例子既能凝聚夫妻感情，又保住客戶的面子，出於愛的動機，用金錢來體現愛的價值，把愛和錢連結在一起，成就一本保單，才會讓保險變得更有生命力。

只要和人保持良好關係，隨著客戶的轉介紹，名單也就源源不絕，轉介紹的成功關鍵，就是維持信賴關係，不僅專業被信賴，人品也被信賴。

我認為以通俗的說法，保單規劃不外乎三種功能，包含可以存錢（儲蓄）、領錢（還本）、留錢（指定受益人），

我的行銷語言很簡單,直白地形容就是「講人話」,讓客戶聽得懂,知道規劃的意義和價值,讓客戶安心。

很多業務的銷售語言,常給人「話術感」,原因就在於說話的人,沒有把專業知識內化成自己的說話方式,因此說起來就會有違和感,不僅自己說得不自然,客戶也越聽越抗拒,真正好的溝通,其實是雙向的,說的人輕鬆自然,聽得人如沐春風,雙方都得到自己想要獲得的,這才是雙贏。

每一次與客戶約見時,要掌握言簡意賅,用最短的語句,說具體的內容,給人好印象,才會有第二次機會。面對客戶提出的問題,也能用專業知識來回答,客戶就會慢慢累積信任,進而維持良好的互動關係。

分享資訊給客戶的同時,也要契合當今時事,連結到客戶的需求,例如目前有哪些贈與相關的稅務需要了解,這些每天整理出來的內容看似資訊分享,其實是量身打造,針對目標客戶來提供,這種只有永達團隊才有的「獨特性」,更能讓客戶看見服務的用心。倘若客戶因為某種因素暫時還不考慮做這樣的規劃,也可能轉介紹其他有需求的朋友,這時更要盡力去完成任務,也就

更能獲得介紹人的肯定。

　　面對大環境的劇烈變動，我常說，這年頭最值錢的是「確定」，客戶最想知道的是「我的資產要如何保值，或是是否隨著年紀增長而增加」，換言之，保險經紀的工作不是「賣一份保單」，而是協助客戶經由保單規劃，將現有資產做「優選配置」，達到分散風險，保值或增值的結果。

　　傑出的業務員，從來都是「懂得提問」，先聽客戶怎麼說，舉例來說，假使客戶拿到退休金，原先規劃買股票，買小套房做投資，這時我通常會提醒，高獲利通常也伴隨高風險，如果資產配置可以確定獲利，不受大環境影響而縮水，您有沒有興趣聽聽看？假使客戶還是堅持要買股票，那麼就建議長期持有的股利來買保單。除了懂得提問，也要學習示好，先肯定客戶的想法，再提出我的意見，決定權還是交給客戶，唯有誠懇的溝通態度，才能維繫更長遠的互動。

　　業務員必須帶給客戶「價值」，一出現就能讓客戶有所獲得，每一次去見客戶，都必須帶給客戶好的能量，想要維繫關係，就必須常常出現在客戶面前，然而在有

限的時間，如何「常常出現」在客戶面前，這時就要鎖定經營的族群，尤其這個族群要和「我的價值觀對頻」，直白地說，價值觀的頻率對了，互動起來才會順暢，才有意願提供服務，也才有機會進一步成為交心的朋友。

每一份保單都是愛的體現

中國人常以「富不過三代」來自我警惕，其實只要第一代懂得理財，透過保單來做好資產配置，財富和家風一樣，可以世代流傳。

關於傳承，我通常會建議客戶，把「保單」當成一份大禮，送給親愛的家人。傳承有兩種，一種是企業文化的傳承，一種是金錢財富的傳承，以我成交的案子為例，客戶是一位祖輩，她想把財富傳承給孫子，常見會有幾種作法，其一是贈與，這可能會產生高額贈與稅，因此建議客戶，透過保單信託規劃的方式，在往後的每一年，孫子都可以拿到奶奶送的禮物，這份愛將綿延不絕地傳遞下去。

如果是新客戶，我就會用新聞事件來帶入目前思考的主題，比如說，某位年輕藝人驟逝，遺產（不動產）留給父母，但是面對高額的遺產稅，要如何保有現金來繳納？其實可以透過及早規劃保單，指定受益人的方式，未來就有支應遺產稅的費用。

我一再強調要和客戶維持良好的互動，除了現有的經營之外，客戶的轉介紹，常常也是重要的業務來源，每一位客戶背後都有屬於個人的人脈，也許是親戚，也許是朋友，甚至是姻親或生意往來的企業主，因為轉介紹的機緣，認識更多客戶，促成更多保單。

或許正是隻身嫁到台灣來，我特別珍惜周遭朋友的相處，把客戶、朋友當成家人一樣對待，不是口號，而是態度。我也送禮給客戶，如果說「送禮」具有目的性，其實正常，朋友之間送禮，可能是表達「我心裡有你，也希望你心裡有我」，目的就是友誼長存。

送禮給客戶，必須更謹慎，不要造成對方的壓力。「禮」的形式，可以是禮貌互動，可以是實質禮品，也可以是即時回答客戶提出的問題，這是服務的一環，也是最終能成交保單的關鍵點。

我經常親筆寫卡片，對我而言，是真心感謝，對客戶來說，在現今科技時代，收到一張親筆感謝函，會非常感動，也許有些人會覺得「浪費時間，多此一舉」，這也是多數人願意做80%人要做的，這20%人多出來的一點細節。換作是你我，收到別人手寫的感謝卡片，是否也會很感動呢？

我常說，保險是賣給有愛的人，心裡有愛，就會想照顧珍愛的家人，懂得事先規劃未來，買一份保單給家人，這是為家人負責的態度，而每賣出一份保單，也是作為保險經紀人公司從業人員的我，對客戶體現的一份承諾，客戶照顧家人，我來替客戶實現。

保險經紀人公司從業人員雖然不脫離銷售本質，但更重要的是「銷售於心」，和客戶見面，要先觀察到客戶的心情，因為做人永遠比「生意」更重要，唯有重視客戶的感受，才有可能獲得對方的回應。客戶本身並不排斥保險，但是討厭業務員死纏爛打的行銷模式，所以要和客戶保持有禮貌的適當距離。

很多產品都有保固和售後服務，保單也需要，保固就是「讓客戶找得到你」，售後服務就是持續提醒客戶，

不同的生命階段,也會產生不同的保險需求。從第一張保單締結開始,我就會跟客戶說,恭喜您人生的「第一桶金」存到了,一個月只繳 3000 元,支出不大,隨著時間拉長,就成了巨大的數值。

　　我最喜歡的行銷方式是「開門加確定」,就是現在流行語「直球對決」,不要繞彎子說話,這樣會更有效率,東北人說話直接,客戶只給十分鐘,就要把握時間說清楚來意,不要用時間磨掉客戶的耐心,出發前準備五個方案,客戶提出問題,都可以立刻回答,這就看準備工夫做得有多扎實。

專業就表現在細節處

做好時間管理,是保險工作的必要功課,首先鎖定想要經營的族群,把寶貴的時間給「頻率對的客戶」,有效締結保單,完成目標業績,不僅服務了舊客戶,也有時間去開發新客戶,認識新朋友,對我而言,運動、養生、事業、工作、家庭、孩子、夫妻關係、父母相處,這些都是生活的一部分,也是 MDRT 強調的全人生活。想要達成這個目標,就是按表操課,指的不僅是工作,生活和人際關係也同樣重要,唯有多方兼顧了,工作則更有動力,更從容不迫。

我有個好習慣,每天臨睡前,會寫很多手稿,把規劃的方案畫成圖案。面對年紀比較大的客戶,會特別把圖案突顯出來,甚至現場畫圖引導給客戶看。先肯定客戶的資產配置,但也提出為客戶資產不僅保值,甚至增值的方案,來分散其他的資產的風險。

我常說,新人想要成功,就是標準化流程作業,當有人「黑化」保險時,保險經紀人公司從業人員也無須「神話」保險,而是把一切專業,都要內化成為流利的

語言，白話就是苦練基本功。我的內化過程，就是透過一遍又一遍的畫圖練習，用淺顯易懂的圖畫表達艱澀的專業知識，其實更像是幫客戶做「翻譯」，唯有客戶聽懂了，才更有機會做出正確的決定。

舉例來說，任何金融商品都有三個特性，一是收益性，二是安全性，三是穩定性，面對喜歡投資的客戶，我就會分析客戶目前投資的商品，應該用保險來補強，以達到以上三項特性。

投資不動產，穩定性夠，收益性和流動性則明顯不足，投資股票基金，流動性高，收益性和穩定度，則也有所欠缺。

儲蓄放在定存，流動性，安全性都有，但是收益性相對低，而保險的優勢，則是藉由不同的保單功能，達到穩定度，收益性，流動性三者兼備的優勢。

圖案中也包含家族系統表，目的是了解客戶的家族成員，及未來想要照顧的人。藉由保單作資產規劃，不只是要照顧自己，也要照顧孩子，了解客戶的想法，找到客戶最在乎的人，我認為，人的背後才是錢，數字才

有意義，才知道如何做資產規劃。

　　只用一張圖，把複雜的資產配置，用簡單的方式表達，這種功力很難練，每天晚上都要花很多時間練習，我自己先關門練功，不要出去浪費客戶的時間。很多人沒有做足準備就要想去談案子，這樣客戶的時間就被糟蹋了。當然也會遇到客戶提出問題，無法當場回答的時候，這時就謙卑的承認，這個問題我想的不夠周全，等我回去再盤整一下。

　　客戶會接受你暫時不懂，但無法接受你不會卻假裝會，這樣就會被客戶「看破手腳」，後續就很難有約見的機會，因為客戶擁有比你更多的資源，不只是有錢而已，人生閱歷也是。保險經紀人公司從業人員的工作範疇，往往需要介入客戶的資產規劃，因此，誠實，誠懇，是業務員很重要的人格品質。

　　人生有階段性需求，和客戶的對話，也會因年齡，職業，家庭而有所不同，舉例來說，遇到銀髮族，重點可能是傳承，中年人談的可能是退休基金，女性可能談家庭保障，當風險發生時，是否有足夠的錢，來保障家庭的未來，主要是先認識對方，談保險時不要急於推銷，

而是從每個人都可能面對的風險來介入，是否購買這份保障，客戶有絕對的主導權，避免造成對方的壓力和抗拒心理。

方法是否可行，不僅需要印證，更需要不斷的修正，有些人不願意敞開心扉來談，有些人不擅長表達，面對不同個性的人，要有不同的應對方式，有時候是建立信任感，有時候是先認識對方，談話的氛圍很重要，保持耐心，認真聆聽，觀察他人，也學習他人的優點。

箴言16章24節經文所述：「良言如同蜂房，使心覺甘甜，使骨得醫治」。意思就是，適當的語言，能令人感到愉悅，這也是所有人都應該學習的功課，就如同華人諺語：良言一句三天暖，好好說話，說得體的話，讓人與人的溝通更順暢。

做好優勢定位，注重每項細節，讓客戶投緣，是我一直以來的展業目標。客戶的身邊從不缺少業務人員，但是眾多業務人當中脫穎而出，正所謂「方法既是優勢定位」，換句話說，就是規劃與策略，有哪些工具可以確保客戶的資產保全更具優勢，有哪些工具確保我們的策略不遜色於他人，這些專業都能通透理解，就能自許

是資產規劃顧問,而不僅是保險銷售業務,這兩者的差別,就在於專業。

我習慣用溫情的語言來溝通,就方案規劃來說,如果有一張保單,身故保險是一千萬,這時就要先和客戶討論,指定受益人是誰?再依據最適當的方案規劃,完成客戶的願望。我認為,保險的核心價值就是愛,每一張保單,背後都有一個想要照顧的人。當客戶認同我對保險的觀念,很自然就會產生朋友甚至家人一般的信任感,而我對客戶的服務,就像對待家人一樣,要有關心、用心、耐心、貼心、感心等「五星級」的高標。

理財工具的盡頭是保險

　　一場新冠疫情，讓全球投資者，都深度思考如何因應風險。無論企業主的全球佈局，或是投資者的資產配置，全都被迫重新檢視，以保險輔助財富傳承重點，不只在累積財富，也為財富架起防護網，轉移風險從而實現守住財富。

　　企業主需要的不是保單裡的數字，而是保單的機制，以保險作為傳承工具來規劃時，能達到預留稅源，掌握控制權，符合分配意願，資產穩健增值的優勢。

　　保險為什麼越來越受歡迎？因為它比銀行多一份私密性。比股票多一份穩定性。比房產多一份靈活性。比理財多一份安全性。所以提早規劃提早鎖定利率。創造終身穩定的現金流。保險也如同一場長跑，重要的不是在某一段以速度領先，而是用合適的速度到達終點，安全性和確定性，正是保險產品最重要的特性。

　　曾有一位客戶分享，理財不是數學題，是心理學。我們需要在收益和安全之間找到平衡。他分享存退休金，

是長達幾十年的事情。過程中一定會面臨到景氣循環、金融風暴、不確定因素等等，任何一種意外因素，都可能對金融市場造成巨大影響，從而產生骨牌效應，連帶影響更多人的財務規劃，正因為不可預期的風險隨時存在，人們更需要保險，穩扎穩打，定好策略，以長遠規劃來分散風險，有效達到資產保全的預期目標。

很多人的理財觀念趨於保守，傾向把錢存進銀行，慢慢累積成退休之後的養老金，對此，我通常會提醒客戶，把錢存進銀行，就像是用有限的錢買水，用完就沒有了。但是把錢拿來買保單，就像是挖了一口井，兩者的差別立即可見。會賺錢是能力，會存錢則是智慧。

就好比醫生用醫術治病救人，保險公司則用金錢挽救許多家庭陷入經濟困境；重大疾病險創始人，也是心臟外科醫生巴納德博士曾說，醫生只能救個人的生理生命，保險才能救一個家庭的經濟生命。

馬雲曾說，保險是後路，在春風得意時，預先佈局，四面楚歌時，才有條活路。隨著時代進步，保險工具更為多元，不僅能創造穩定金流，穩妥增值，確保財富傳承給下一代，協助企業主從努力累積財富，變成財富的

使用者支配者，掌握人生的選擇權，進而讓財富傳承更為完善，在變動不拘的時代，是進可攻，退可守的最佳選擇。

保險規劃方案，可依據家庭收支來做好分配，並不會造成負擔，沒有足額保障的家庭，遇到風險發生，就很容易陷入經濟困境。台灣有一句諺語是說，晴天要備雨天糧，其實也是保險的價值，在有能力賺錢的時候，透過保險來預先做好未來的規劃，即使退休了，仍然有被動收入，未來還可以傳承給下一代子孫，做到財富世襲的目標，也是許多高資產族群做財富保全的常用工具。

為子女規劃教育基金，是許多家長的首選保險，每一年為孩子儲蓄專屬的教育基金，不僅是父母對子女表達具體的愛，也是孩子未來人生的幸福存摺。

台灣知名企業家王永慶先生的名言，賺錢是徒弟，存錢才是師傅，意思就是，會賺錢是能力，會存錢則是智慧。許多家長擔心孩子沒有存錢的習慣，將來會應了那句「富不過三代」的老話，因此，常希望我跟二代們談理財觀念，這也是二十一世紀被重視的「財商」。

許多人認為，投資才會變有錢，這句話只能算是對一半。投資可能致富，但也可能失利，在我接觸許多企業主與成功人士的經驗得知，順序是，先有「第一桶金」，有了穩定的現金流，第二步才是投資，隨著投資經驗累積豐富之後，擴大投資，賺到更多財富。

多數人則習慣忽略前面的兩個步驟，直接從新聞媒體上看到第三個步驟然後得出：投資果然好賺這樣的結論。究竟是先有錢才投資？還是沒什麼錢，所以才投資？光是這個細節的差異，就能讓很多人窮盡一生心血，甚至白忙一場。

資產的底層邏輯，其實簡單扼要，那就是安全、保本、獲利確定，有了這三項準則，就可以放膽投資，當我把這樣的觀念分享給客戶時，總能得到很好的回饋，從而順利締結保單，最主要的原因就是，保單，是資產不是負債，是累積資產而非消費。

打造專屬的一手好牌

當初為了愛情，放棄上海的好工作，嫁到台灣來，重回職場一切從零開始學習，一路走來，得到許多同事的幫忙，感謝客戶的支持，家人的鼓勵。內心的強大力量是來自我的信仰，我的主耶穌基督，聖經真理的教導。詩篇126：5-6 流淚撒種的，必歡呼收割。只要我們忠心工作付出的汗水、淚水，勤勞終將變為豐富，收成和歡笑。

有人問我，要如何取得事業家庭的平衡？如何自在扮演多重角色？無他，掌握「傳遞正能量」的準則即可，客戶常會說，見到妳，我的心情又變成彩色的了！

從保險小白到年年保持好成績，我的成功經驗似乎也來到了足以傳承的厚度，組織團隊成為我近期的重要目標，對我而言，如何讓更多成為 MDRT 保持人，也是團隊的重要目標。

如果要對新人提出建議，我認為，第一年最需要鍛鍊口條和銷售的勇氣，不要在意成交金額，而是從每一

筆成交的經驗值來建構自信心，先去認識更多人，也讓更多人認識你，不論前一個工作有多輝煌的成就，從事保險經紀，必須先把心態歸零，持續的成長和蛻變，熱愛工作是最好的解答。

現代社會大家都很忙，約見面不容易，因此每一次約見都要做足準備。專業在頭腦裡，熱情在心裡，笑容在臉上，認真學習真誠分享吧！

都說環境決定人進步的速度，我從保險小白到年年保持 MDRT，除了要感謝永達保經強大的平台資源，月碧老總的用心帶領，成就了連續十年第一名的團隊，在單位裡高手雲集，遇到問題，舉手發問，隨時都能得到解答，提供最即時的幫助，感謝我生命中的貴人方綵晴協理的耐心教導將我培訓成一級戰將，優秀講師。未來我要把這些（恩典）傳承下去，共好的文化傳承下去，讓更多想成功的年輕人，成為我的團隊夥伴，和我一樣，實現 MDRT 全人生活，不僅在永達平台發光發熱，也在人生中寫下生活、事業兩豐收的美好篇章！

共創巔峰
冠軍團隊勝出秘笈

索娜
跨越零下的障礙

企管銷售 60

共創巔峰
冠軍團隊勝出秘笈

- 作者　　黃意雯、劉凱妍、石文仁、方綵晴、李培甄、廖素蘭、索娜
- 文字整理　吳秋瓊
- 內文設計　張峻樑

- 發行人　彭寶彬
- 出版者　誌成文化有限公司
　　　　116 台北市木新路三段 232 巷 45 弄 3 號 1 樓
　　　　電話：(02)2938-1078　傳真：(02)2937-8506
　　　　台北富邦銀行　木柵分行（012）
　　　　帳號：321-102-111142
　　　　戶名：誌成文化有限公司

- 總經銷　　采舍國際有限公司 www.silkbook.com 新絲路網路書店

- 出版日期 / 2024 年 8 月出版一刷
- ISBN /978-626-96030-9-1(平裝)　　◎版權所有，翻印必究
- 定價 /　新台幣 400 元

國家圖書館出版品預行編目(CIP)資料

共創巔峰：冠軍團隊勝出秘笈 / 永達保經七位頂尖高手合著. -- 臺北市：誌
　　　成文化有限公司, 2024.08
　　　240 面；14.8*21 公分. --（企管銷售；60）
　　　ISBN 978-626-96030-9-1(平裝)

1.CST: 保險業　2.CST: 保險行銷　3.CST: 保險仲介人　4.CST: 職場成功法
563.7　　　　　　　　　　　　　　　　　　　　113010748